【文庫クセジュ】

キリスト教シンボル事典

ミシェル・フイエ著
武藤剛史訳

白水社

Michel Feuillet
Lexique des symboles chrétiens
(Collection QUE SAIS-JE? N°3697)

目次

前書き 5
聖書文書略号表 7
あ行 9
か行 39
さ行 73
た行 105
な行 124
は行 129
ま行 157
や行 172
ら行 179

わ行――187
その他――189
訳者あとがき――191
邦語参考文献――i

前書き

本を読んだり、美術館や教会を訪れたり、観劇を楽しんだりする場合はもとより、それ以外のさまざまな教養・娯楽の機会にも、キリスト教に関わるさまざまなシンボルが、絶えずわたしたちの目に止まり、心に触れてくる。これらのしるしは、ユダヤ教から受け継がれたものも多く、本来はキリスト教信仰の諸真理を統合的かつ暗示的に表わすためのものであるが、長い歴史を通じて、地中海および西欧の文化に深く刻み込まれてきた。ヨーロッパの芸術的、知的、精神的遺産を正しく評価するためにも、また現代社会（一見するところ、それは宗教とは無縁の世俗社会であるが）を支えている哲学的・道徳的価値の根底を把握するうえでも、これらのしるしを理解することは不可欠である。

この小事典は、福音書を中心に、聖書全体から、五〇〇以上のシンボルを集めている。これらのシンボルは、他の諸文明と共有するものも少なくないとはいえ、初期キリスト教時代から中世、近代に及ぶ長い伝統によって、豊かに発展しつつ、特殊化されてきた。そのうちのあるものは、現在に至るまで、教会で使われ続けているが、その一方で、部分的にはすでに忘れられ、歴史に属しているものも少なくない。とはいえ、それらの忘れられたシンボルも、教会の石のなかに、フレスコ画が描かれた壁に、あるいは聖務日課用聖歌集が書き込まれた羊皮紙や古写本の頁のあいだに、今もなおひっそり残されていて、キリスト教の秘義について語る機会がふたたび訪れるのをじっと待っている。本書は、これらのシンボルの語る言葉――複雑で矛盾をはらんだものもあれば、単純明快なものもある――を理解する助けとなることを意図したものである。

本書のささやかな目的は、取り上げたシンボルの一つひとつについて、聖書のテクストと対照させながら、それらの持つさまざまな意味を解説することに尽きる。ここに取り上げたのは、数字、色、幾何学図形、動物、植物、品物や道具、自然現象、その他であるが、キリスト教の伝統、さらにはより広くユダヤ・キリスト教の伝統に即しつつ、それらのシンボルとしての意味を解明しようと努めた。解釈は、もっぱら、意味するもの（しるし）から意味されるもの（内容）へと向かう。むろん、反対方向の解釈もありうるが――その場合は、アルファベット順〔日本語訳では、あいうえお順〕の見出し語に、「キリスト」、「聖母マリア」、「アッシジのフランチェスコ」などの固有名詞、あるいは「三位一体」、「受胎告知」、「慈愛」などの項目を組み入れたうえで、それらの象徴や標章について説明するといったことになろう――、本書の規模からして、それは慎重に避け、あくまでシンボルからその解釈へという一方向を貫くことにした。たとえば、「獅子」の項目を読むと、他のいくつかの解釈に加えて、獅子が福音書記者マルコのシンボルであることが分かる。しかし、あくまでシンボル事典である本書には、「福音書記者」や「マルコ」という見出し語はない。その代わりとして、相互参照の注記を加えることで、探求の便宜を図っている。「獅子」の項の注記に従って、「四つの形」の項を見ると、他の三人の福音書記者のシンボルが、それぞれ、人間、牛、鷲であることが分かる。そこで次に、それらの項を参照するというふうに進んでゆく。

読者は、このようにして、キリスト教シンボルの世界により深く分け入るよう、招かれている。その世界の諸要素は相互に結びついて、ひとつのかけがえのない文化総体を形成している。この小著が試みたのも、その文化総体を明らかにすることである。

聖書文書略号表

【旧約聖書】

創	創世記
出	出エジプト記
レビ	レビ記
民	民数記
申	申命記
ヨシ	ヨシュア記
士	士師記
ルツ	ルツ記
サム上	サムエル記上
サム下	サムエル記下
王上	列王記上
王下	列王記下
代上	歴代誌上
代下	歴代誌下
エズ	エズラ記
ネヘ	ネヘミア記
エス	エステル記
ヨブ	ヨブ記
詩	詩編
箴	箴言
コヘ	コヘレトの言葉
雅	雅歌
イザ	イザヤ書
エレ	エレミア記
哀	哀歌
エゼ	エゼキエル書
ダニ	ダニエル書
ホセ	ホセア書
ヨエ	ヨエル書
アモ	アモス書
オバ	オバデヤ書
ヨナ	ヨナ書
ミカ	ミカ書
ナホ	ナホム書
ハバ	ハバクク書
ゼファ	ゼファニヤ書
ハガ	ハガイ書
ゼカ	ゼカリア書
マラ	マラキ書

【新約聖書】

マタ　マタイによる福音書
マコ　マルコによる福音書
ルカ　ルカによる福音書
ヨハ　ヨハネによる福音書
使　使徒言行録
ロマ　ローマの信徒への手紙
Ⅰコリ　コリントの信徒への手紙一
Ⅱコリ　コリントの信徒への手紙二
ガラ　ガラテアの信徒への手紙
エフェ　エフェソの信徒への手紙
フィリ　フィリピの信徒への手紙
コロ　コロサイの信徒への手紙
Ⅰテサ　テサロニケの信徒への手紙一
Ⅱテサ　テサロニケの信徒への手紙二
Ⅰテモ　テモテへの手紙一
Ⅱテモ　テモテへの手紙二
テト　テトスへの手紙
フィレ　フィレモンへの手紙
ヘブ　ヘブライ人への手紙
ヤコ　ヤコブの手紙
Ⅰペト　ペトロの手紙一
Ⅱペト　ペトロの手紙二
Ⅰヨハ　ヨハネの手紙一
Ⅱヨハ　ヨハネの手紙二
Ⅲヨハ　ヨハネの手紙三
ユダ　ユダの手紙
黙　ヨハネの黙示録

【外典・偽典】

シラ　シラ書〔集会の書〕
知　知恵の書
トビ　トビト記
バル　バルク書
Ⅰマカ　マカバイ記一
Ⅱマカ　マカバイ記二
ユディ　ユディト記

あ行

アイリス　iris

「雅歌」に歌われる「谷間の百合」（新共同訳では「野の百合」）（雅二）、「山上の説教」で語られる「野の百合」（新共同訳では「野の花」）（マタ六：二八〜二九）とは、白いアイリスであったとも言われている。そのために、アイリスは百合の伝統的象徴性を受け継ぐこととなった（とりわけ、マリア信仰において）。

青　bleu

①空の色である青は、物質性を超えた無限に深い世界を暗示する。また青は、空気のように澄み、軽やかで、すっきりしている。②伝統図像では、キリストと聖母マリアは青いマントと赤い寛衣を着て描かれる。キリストの場合、この青と赤は、彼が持つ人性と神性に対応し、このふたつの性格を互いに際立たせている。すなわち、人性を象徴する青いマントは、罪の重みをまぬがれて、このうえなく清浄であり、赤い（しばしば金の筋が入る）寛衣によって表わされる神性を鮮やかに浮かび上がらせる。マリアの場合、その青いマントは彼女が天の元后であることを示しており、一方、赤いドレスは愛を象徴している。

赤　rouge

①血と火の色である赤は、命の象徴であるが、また流血を描くことによって、死の象徴ともなりう

る。とくに祭壇で贖罪の生贄の血が流される場合には、その血の赤は犠牲の色となる。→血　それは至高なる犠牲、すなわちキリストの十字架上での死の色である。かくして、赤は恵みと愛の色であり、三対神徳のひとつ、愛徳の象徴である。→白③、緑②　②ビザンチン美術では、キリストは金の筋の入った赤い寛衣を着て描かれる。この赤い寛衣は彼の神性を象徴しているが、その一部は人性を表わす青い外套で覆われている。

赤毛　roux　→赤茶色

アカシア　acacia

木が硬く、けっして腐らないとされるアカシアは、ユダヤ・キリスト教の伝統を通して、重要な象徴的役割を担い続けてきた。契約の箱はアカシアの木で作り、その上に金を張る。伝承では、キリストがかぶった茨の冠はアカシアの枝で編まれたとされる。その白と赤の花は、誕生したばかりの、また復活したばかりの命を象徴している。また乳と血の色をしているところから、アカシアの花は、キリスト降誕、受難、そして復活を表わす。

赤茶色　roux

①赤とは違って、赤茶色は、まず地獄の猛火に結びつくが、この世における淫欲と妬みの火を表わすこともある。赤茶色の髪、すなわち赤毛は悪魔的であると言われ、伝承では、ユダの髪は赤毛であったとされる。→黄色　②しかし聖書でも、赤毛が肯定的な意味合いを持つ例がないわけではない。若いダビデがサムエルによって油を注がれる場面では、次のように述べられている――「彼は赤毛〔新共同訳では「血色が良く」〕で、目は美しく、姿も立派であった。」（サム上一六：一二）

明かり　lampe　→ともし火

アカンサス　acanthe

繊細な鋸歯状の葉を持つアカンサスを、古代ギリシア人は好んで装飾モチーフとして用いた。コリント様式の円柱はその代表的な例である。しかし、この美しい植物にも棘があることを忘れてはならない。そのため、古来、アカンサスはしばしば、あざみとともに、キリストの受難の象徴とされてきた。

アーケード　arcade

アーケードは、その構造からして、円と正方形の象徴的価値を内包している。アーケードは感覚界から英知界への上昇を表わすとともに、また逆に英知界から感覚界への降下をも表わすとされ、その場合は、キリストの受肉の象徴となる。

あけぼの　aurore

夜が白々と明け始めてからしばらくして、あけぼのの輝かしい光が大地を照らす。その赤々とした光は、罪に覆われた闇世界をかき消すキリストの血を象徴する。

朝　matin

①朝は清浄と希望の時である。光は優しく澄んでいる。一日の始まりであるこの初々しい時を汚すものはまだ何もない。人類の朝、それは、最初の人間であるアダムとエバが原罪を犯す以前にエデンの園で送っていた無垢の生活である。失墜のあと、契約の時代には、朝はヤハウェがその民を嘉し、恵みで満たす時であった（詩一〇一：八）。②キリストが蘇ったのも復活祭の日の早朝であった。人類にとって、それはまさに新しい日の始まりである（マタ二八：一、マコ一六：二、ルカ二四：一、ヨハ二〇：一）。→**夜明け、あけぼの**

あざみ　chardon

①あざみは不幸の象徴である。ヤハウェは、原罪を犯したアダムとそのすべての子孫を呪い、それまで食べ物をふんだんに恵んでくれた土は不毛となり、あざみが生い茂るだろうと言う(創三:一八)。②あざみの棘は、キリストが受難の際にかぶった辱めの冠を思わせる(ヨハ一九:二)。→アカシア、アカンサス、ゴシキヒワ、さんざし

足　pied

①地面に触れる足は、体の部分で最も高貴で最も天に近くにある頭と対比される。地面を踏む足ゆえに、人間は地上の存在、この世の存在である。履物を履くことは、そうした人間の条件をまぬがれるための手段のひとつである。逆に裸足で歩くことは、文字通り、謙遜(humilité)を表わす(ラテン語のhumusは「地面」、「土」を意味する)。「燃える茂み」のなかからヤハウェはモーセにサンダルを脱げと命ずるが、それは彼が今いるところが聖なる土地だからである(出三:一～一〇)。②足は道の埃にまみれる。家に帰って足を洗うことは、浄めの儀式である。逆に、ある家から出るときに足の埃を払うことは、その家の主との関係を絶ち切ることを意味する。つまり、その家で足についた埃をすっかり落としてゆくことが、その主と共通するものを何ひとつ持つまいとする明確な意思表示となるのだ(ルカ一〇:一一)。→塵③　キリストが弟子たちの足を洗うエピソードは、キリストがへりくだって、弟子たちの僕《しもべ》となることを意味するが、それはまた、彼らの心を洗い清める行為でもある(ヨハ一三:四～一七)。③マグダラのマリアがキリストの足に香を注いだのは、頭に注ぐことが畏れ多かったためである。彼女はキリストが神であることを知っていたのであり、その神性はイエスの体の最も卑しい部分にも宿っているのだ(ルカ七:三六～五〇、ヨハ一二:一～八)。まことの人間にしてまことの神であるキ

リストの足は、十字架にかけられたとき、釘で差し貫かれた。

葦　roseau

葦は、二重の意味で、受難具である。ピラトの兵士たちは、イエスを侮辱するために、彼にみじめな王の仮装をさせようとして、頭には茨の冠をかぶせ、右手には笏に見立てた葦の棒を持たせた（マタ二七：二九、マコ一五：一九）。十字架上でイエスが息絶える少し前、憐れみからか、あるいはあざけりからか、彼の口にふくませようと、葦の棒の先に酢に浸した海綿をつけて差し出す者がいた（マタ二七：四八、マコ一五：三六、ルカ二三：三六、ヨハ一九：二〇～三〇）。→**海綿、酢、ヒソプ**

アネモネ　anémone

①神話によれば、アドニスはヴィーナスによって赤いアネモネに変えられた。この愛と苦悩のシンボルは、やがてキリストの受難の表徴となった。血の色をしたこの花がすぐに散ってしまうことから、キリストの復活を告げるとも言われる。もともと「風」を意味するギリシア起源のその名は、十字架上で最後の息を引き取った義人のうえに聖霊の風が起こったことの証しとなる。②「雅歌」で歌われる「谷間の百合」〔新共同訳では「野の百合」〕（雅二）、「山上の説教」で語られる「野の百合」〔新共同訳では「野の花」〕（マタ六：二八～二九）も、実は白いアネモネであった可能性がある。そのため、この花も百合の伝統的象徴性を分け持つことになった。

あぶ　taon　→**蠅**

アプス　abside　→**後陣**

油　huile

①オリーブが栽培される地中海沿岸地方では、油は第一級の消費材として重要な位置を占めている。

食料として、また明かりの燃料として用いられるほか、化粧品としても使われる。こうした役割ゆえに、油は命、光、そして清浄のシンボルとなる。信者の額に聖なる油を注ぐ塗油の儀式は、歓喜と権威と栄光を与える（詩四五：八、一三三：一～三）。この祝福は神からもたらされる。この儀式を受けた者のうえには、油とともに、聖霊が注がれる（イザ六一：一）。②「メシア」という語は「油を注がれた者」（ギリシア語ではクリストス）を意味する。予言者たちがその到来を予告したキリストにほかならないイエスは、塗油の儀式を受けるまでもなく、その本性からして、聖霊を注がれた者である（イザ六一：一～二、ルカ四：一七～一八）。③キリスト教の初めより、聖別された油（聖油）による塗油は洗礼の儀式の一部をなしている。塗油によって、受洗者は聖霊を受ける。この塗油は、堅信の儀式で繰り返されるだけでなく、臨終に際しては、終油の秘跡として行なわれる。このように、聖油は受洗者のこの世の生の始まりと終わり——アルファにしてオメガ——を画する。

亜麻布　linge

キリスト教図像では、亜麻布はキリストの遺体を包む経帷子を予示する。生まれたばかりの幼子イエスがくるまれたり、そのうえに寝かされたりしているのも、白い亜麻布である。

網　filet

①網は、捕縛や罠の観念と結びつく場合、人間が陥りがちな幻想や過ちを表わす否定的なシンボルとなる。あるいはまた、死や絶望を暗示することもある（詩一一六：三～四）。②一方、福音書の「奇跡の漁」の挿話（ルカ五：一～一一）では、使徒のあるべき姿を示す肯定的なシンボルとなっている。イエスはシモン（のちのペテロ）に「あなたは人間をとる漁師になる」と言ったが、そのためには霊的な網を用いねばならない。→漁　③しかし、より一般的な意味で、網は天の国を創建する神の業を表わす。

網に捕らえられたもののうち、良いものは残され、悪いものは捨てられる。最後の審判の日、選ばれた者たちと神に見離された者たちも、そのようにして選り分けられるだろう（マタ一三：四八〜四九）。

雨　pluie

①天から降って大地を潤す雨は、命と繁栄をもたらす神の恵みのしるしである（申一一：一四、詩七二：六、ホセ六：三）。「天よ、露を滴らせよ」、「イザヤ書」（四五：八）に出てくるこの熱烈な祈願の歌は、雨が正義を芽生えさせることを神に求めている。②しかし、雨はまた、ノアの大洪水が示すように、神の怒りを表わすこともある（創六：一二、七、八：一〜一四）。

アメジスト　améthyste

地味なすみれ色をした宝石であるアメジストは謙遜を象徴する。ギリシア語では「酔っていない」という意味である。それゆえ、この宝石を身に着けている人は酔わないとされる。司教が持つ指輪にはアメジストが嵌められているが、それは、世俗の誘惑から司牧者たちを守るためである。→**エメラルド、サファイア、ダイアモンド、ルビー**

アーモンド　amande

①純白で、整った形をし、しかも自分よりも硬い殻に包まれているアーモンドは、人間キリストのうちに潜む神性を表わす。→**マンドルラ**　②アーモンドはまた、その形が女性器を思わせることから、エロチックな意味を持つこともある。キリスト教の伝統でも、この意味は失われていない。神秘のアーモンドは聖母マリアの処女性のシンボルである。

アーモンドの木　amandier

アーモンドは最初に開花する木であり、春先に咲く。それゆえ、早咲きのこの花は新しい命の到来を予告する象徴的意味を持つ。聖書では、アーモンドの木は「見張り」と呼ばれる（エレ一：一一〜一二）。

嵐　tempête

航海が人生の比喩であるとすれば、船を遭難させかねない嵐は人間に襲いかかる悪の諸力を表わす。キリストが嵐を鎮める奇跡の場面は、神の摂理が人間を悪から救うことを象徴しており、この摂理に安心して身を任せるべきことを弟子たちに教えている（マタ八：二三〜二七、マコ四：三五〜四一、ルカ八：二二〜二五）。→船、港、雷雨

アルバ　aube →夜明け

アルファにしてオメガ　Alpha et Oméga

ギリシア語のアルファベットで、アルファ（Α）とオメガ（Ω）はそれぞれ最初と最後の文字である。「黙示録」のなかで、キリストは「わたしはアルファにしてオメガである」と言っているが、それは、彼自身が世界の原理にして究極目的であることを宣言しているのだ（黙二一：六、二二：一三）。このシンボルは、しばしば十字架やキリストの銘の両端に書き込まれるほか、復活祭の大ろうそくにも刻まれている。→キリストの銘

荒れ野　désert

①不毛で容易に人を寄せつけない荒れ野は、それゆえまた、より良い場所、より良い状態に至るための試練の場でもありうる。ヘブライの民は、四〇年のあいだ、約束の地をめざして、シナイの荒れ野をさまよい続けた。荒れ野は、肉体的にも、精神的にも、多くの試練を彼らに課したが、そのたびにヤハウェがその民に救いの手を差し伸べた。あらゆる誘惑に襲われる荒れ野にあっては、神の恩寵にわが身を委ねるほかに生きるすべはない。②公生涯に入るまえ、イエスは、四〇日間、荒れ野に

とどまった（マタ四：一～一一、マコ一：一二～一三、ルカ四：一～一三）。その間、三回にわたって悪魔の誘惑を受けるが、彼はそれに屈しなかった。「すると天使たちがやって来て、イエスに仕えた」（マタ四：一一）。③多くの聖人が、隠修士や苦行者となり、荒れ野で隠遁生活を営んでいる。キリストと同じく、聖アントニウスも砂漠で誘惑を受けた。④フランスのプロテスタントにとって、「荒れ野の教会」とは、ナントの勅令の廃止（一六八五年）以後、彼らが余儀なくされた信仰の秘密を意味する。

アロエ　aloès

①肉厚で棘のある葉と真紅あるいは黄色い花を持つアロエは、聖書では、神ヤハウェによってもたらされた恩恵とされる（民二四：六）。その汁は、ミルラと混ぜ合わされて、塗油に用いる油の成分となる（詩四五：九）。②キリスト埋葬のとき、ニコデモは一〇〇リトラ分のアロエとミルラの入った香料を持ってきた（ヨハ一九：三九）。このようにアロエは、聖なる塗油の一成分として、キリストの体の祝聖と深く関わっている。→没薬

アンテロープ　antilope　→かもしか

アンドロギュノス　androgyne

アンドロギュノスすなわち両性具有者は、性が分離される以前の、男にして女である原初的存在である。こうした人間神話は、多くの古代文明に見られる。聖書の伝承でも、エバが造られる以前、アダムはアンドロギュノス的存在であったが、創造主である神は、彼の脇腹からその女性性を抜き取り、それによって彼の伴侶を造り出したとされる（創二：二一～二三）。それゆえ、男にとっても、女にとっても、愛の渇望とは自分の失われた半身を求める感情にほかならず、両者は結婚によって元のひとつの体になる（創二：二四）。

家　maison

天の国は地上の国の理想的写しである。そこでは、キリストという神秘の神殿が、石の神殿に取ってかわる。天にあるこの父の家は、地上の住人たちを待っている。しかし、彼らがその父の家に入るには、神の名において、家や田畑を捨て、兄弟、姉妹、父、母、子供たちを捨てなければならない（マタ一九：二九）。→砂

硫黄　soufre

硫黄は、火山活動に伴って生ずる黄色い物質で、刺激的な蒸気を出すことから、悪魔的な力の象徴とされるが、人を懲らしめるべく猛威を振るう場合には神の威力のシンボルともなる。ヤハウェはソドムとゴモラの町に硫黄と火の雨を降らせた（創一九：二四）。「詩篇」には「不敬な者たちのうえには火と硫黄の灼熱の雨が降り注ぐだろう」と歌われている（詩一一：六）。硫黄は神の光と対比される。

錨　ancre

①安定と安全のシンボルである錨は、聖パウロによって、三対神徳のひとつである望徳のしるしとされた（ヘブ六：一八〜二〇）。②古代キリスト教図像では、錨はしばしばキリストの十字架を思わせる形に描かれている。また錨は、海に関わる他のキリスト教シンボル、たとえばイルカや魚といっしょに描かれることが多い。③錨は第三代ローマ司教である聖クレメンス（一世紀）の紋章である。

イクティス　ICHTUS　→魚③

石　pierre

①岩から掘り出した石は、自由に持ち運ぶことができるため、さまざまな用途に使われる。カナン地方では、石を立て、また平らに寝かして、ふたつの神を祭った。バアル（男神）とアスタルテ（女神）

であり、いずれも多産・豊穣を表わしている。ヤコブは、石を枕にして眠っていると、夢で幻を見た。翌朝、目覚めたとき、彼は随喜し、枕にしていた石を記念碑として立てた（創二八：一〇〜二二）。彼はその場所をベテル、すなわち「神の家」と名づけたが、またそこを「天の門」とも言っている。このように、石は神の臨在のしるしなのである。②祭壇を築くには、切り出した石を使うことは禁じられ、自然のままの石だけを使わねばならないとされた（出二〇：二五、申二七：五、王上六：七）。自然石は天から落ちてきた聖なるものであるのに対して、切り出した石は、人間が作り出したものであるため、けがれていると考えられたのである。③キリストの勧めにより、使徒シモンは名前を変え、アラム語で Kephas ——「岩」の意味——と名乗ることになった。ちなみに、ギリシア語では Petros、ラテン語では Petrus、フランス語では Pierre である（マタ一六：一八、二一：四二、ルカ二〇：一七）。名前を変えると同時に、シモンは仕事を変えた。預言通りに（詩一一八：二二〜二三）、「家を建てる者の退けた石が、隅の親石となった」のであり、この隅石のうえに、キリストは教会を建てようとしたのである。④石は否定的な意味を持つこともある。誘惑者である悪魔は、イエスに「これらの石をパンになるように命じたらどうだ」と言った（マタ四：一〜四）。石は、不義を犯した女を打ち殺すのにも使われる（ヨハ八：二〜一一）。聖ステファノが殉教したのも、石によってであった（使七：五五〜六〇）。⑤荒れ野の隠修士である聖ヒエロニムスが手に持つ石は、悔悛のシンボルである。

石臼　meule

①おとなしく石臼を挽くろばは従順のシンボルである。②石臼を首に懸けられて、深い海に沈められる不幸な人間もいる（マタ一八：六）。それはクリスティナやフロリアヌスのような殉教者の運命でもあった。それゆえ、石臼がこのふたりの標章となっている。

石投げひも　fronde

若きダビデは、簡単な石投げひもで、巨人ゴリアトを打ち倒した（サム上一七：四〇～五〇）。そのため、この武器は、ひ弱な者の強さのシンボルとなった。この若者とペリシテ人の勇将との闘いは、より一般的な意味で、原始的な力に対する巧みさと賢さの勝利、あるいは野蛮に対する文明の優位を表わしている。→五、武器

泉　source

①清冽に湧き出す泉は、生命に欠かすことのできない水をふんだんにもたらしてくれる。エデンの園の中央から流れ出す川（創二：一〇～一三）は、やがて地下流となったあと、荒れ野をさまようイスラエルの民のために、ホレブの岩からふたたび泉となって湧き出すが（出一七：一～七、民二〇：二一）、その泉は、肉体的な生命とともに、霊的な命、つまりは神の知恵をも恵む。②キリストは、多くの預言者たちが告げていたように（ゼカ一四：八、エゼ四七：一～一二）、永遠の命の泉である（ヨハ七：三七～三八）。③「連禱」で、マリアは「封じられた泉」（雅四：一二）、あるいは「園の泉」（雅四：一五）と言われているが、それは処女にして豊饒なるマリアの母性を言い表わしている。

一　un

一は神の数である。キリスト教は、神の統一性、唯一性を強調する。神は一である。それは神が根本原理にして絶対存在だからである。神のうちに三つの位格（ペルソナ）を区別する三位一体の秘義も、この神の統一性をさまたげることはない。

いちじく　figue

①善悪の知識の木になる禁断の果実（創二：九、一六～一七、三）は、伝承によって、いちじくであると

されてきた。それは、アダムとエバが、禁断の果実を食べたあと、自分たちが裸であることを知り、腰をいちじくの葉で覆ったと「創世記」が伝えていることからもうかがえる（創三：七）。→葉　②いちじくを摘んでいる幼子イエスが描かれることがあるが、それは彼がやがてこの世の贖い主となることを告げている。→ざくろ、りんご

いちじくの木　figuier

①いちじくの木は、ときに命の木と同一視されるほどで、多産・豊饒を象徴する。その滋味豊かな果実は天の恵みである。②ヘブライの伝承でもそうだが、キリストにとっても、作物の不毛は道徳的・精神的な意味を持つ。つまりそれは、実のならないいちじくの木がイエスの呪いを受けてたちまち枯れてしまったように、神の呪いに値するのだ（マタ二一：一八～二二、マコ一一：一二～一四、二〇～二五）。しかし、実もならず、いたずらに大地の栄養分を吸い取っているいちじくの木も、来年は実がなるかも知れないと、切り倒さずにおかれることもある（ルカ一三：六～九）。

一角獣　licorne

白馬の姿で、額の真ん中に一本の角が生えた空想の動物である一角獣は、この被造世界にも神性が浸透していることを象徴している。神の剣の威力と純白のドレスの清浄というふたつの象徴性を併せ持つ一角獣は、聖霊によって身ごもった聖処女マリアを表わす。つまり、この神秘の動物は神の言葉の受肉を象徴しているのだ。

糸　fil

①持続すること、延びること、繰り広げることのシンボルである糸は、この世の生を表わす。それは、死の大鎌によって、いつ断ち切られるか知れない。②《受胎告知》では、伝統的に、糸を紡ぐマリア

が描かれるが、それは外典福音書の記述に基づいている。天使ガブリエルが彼女のもとを訪れたとき、マリアは神殿の垂れ幕を織るための緋色の糸を紡いでいたのである。イエスが息を引き取ったその瞬間に、神殿の垂れ幕が真ん中から裂けたこと（ルカ二三：四五）を思い合わせれば、マリアが紡ぐこの糸は高い象徴的意味を持つことになるだろう。→糸巻き

井戸　puits

①天と大地の底を象徴的につなぎ合わせる井戸は、三つの基本要素、すなわち空気、土、水を結びつける。生きるに欠かせない水を人間にもたらす井戸は、水に関わるあらゆる象徴性を担うとともに、聖なる場所にふさわしい特性を帯びる。②キリストがサマリアの女に真に生きた水、永遠の命を与える水とは何かを教えたのも（ヨハ四：一～一四）、ヤコブの井戸（創三三：一八～二〇、四八：二二、ヨシ二四：三二）のほとりであった。③「連禱」では、マリアは、「雅歌」で使われている比喩に基づいて（雅四：一五）、「生きた水の井戸」と呼ばれている。④外典福音書では、《受胎告知》の場面をふたつに分けている。そのひとつでは、マリアが水を汲みにきた井戸（あるいは泉）のほとりに天使が訪れて、彼女に挨拶する。もうひとつでは、聖母の家のなかで、彼女と天使が面会する。このふたつの場面は、それぞれ、生きた水の井戸と聖なる家を暗示している。→泉、回廊

糸杉　cyprès

①多くの伝統社会で聖なる木とされる糸杉は、しばしば、地獄や死者崇拝と結びつけられる。糸杉が、こんにちなお、墓地に多く見られるのもそのためである。②天に向かってまっすぐ伸び、つねに緑であることから、糸杉はキリストの復活と永遠の命のシンボルとなる。「茨に代わって糸杉が生えるだろう」（イザ五五：一三）。

糸巻き　fuseau

《受胎告知》を描いた絵のなかには、聖処女マリアが一方の手に糸巻きを、他方の手に糸巻き棒を持っているものがある。外典福音書に基づく伝承によれば、マリアは大祭司によって選ばれ、神殿の垂れ幕を織るための緋色の糸を紡ぐことになった。幼子イエスを身ごもろうとしているときに課されたこの仕事は、高い象徴的意味を帯びている。そのことは、キリストが死ぬ瞬間、神殿の垂れ幕が裂けたことを思い合わせれば、充分納得されるだろう（ルカ二三：四五）。→糸

糸巻き棒　quenouille　→糸巻き

いなご　sauterelle

①「出エジプト記」では、いなごはファラオを罰するためにヤハウェが送り込んだ一〇の災いのひとつである（出一〇：一二〜二〇）。②「黙示録」になると、いなごはさらに強い道徳的および霊的な意味を帯びるようになる（黙九：一〜一一）。すなわち、それは不幸のしるしであり、物理的レベルをはるかに越えた呪いを意味する。③洗礼者ヨハネは、荒れ野で、いなごと野蜜を食糧としていた（マタ三：四）。この場合のいなごは、むろん、ヤハウェがもたらした災いではない。ヨハネは、荒れ野での苦行のひとつとして、おいしいとはいえないいなごを、あえて食べていたのである。→蜂蜜

稲妻　éclair　→雷雨

犬　chien

①人間に忠実な動物である犬は、教会の構成員である信者たちが堅く守るべき神との婚姻の誓いを表わす。犬に倣えば、誰も偶像のために神を裏切ることはあるまい。②犬は悪魔の化身である猫と対比される。→猫　③ドミニコ会修道士たちは、Domini Canes すなわち「主の番犬」と呼ばれるほどに、

神に熱烈に仕え、狼になぞらえられる異端者と激しく闘う。↓狼②　④コルトナの聖女マルゲリタやモンプリエの聖ロックは一匹の犬を連れて描かれる。

猪　sanglier　↓豚

茨　épine

受難の際にイエスがかぶったみじめな王冠の茨は、肉体的な痛みだけでなく、精神的な苦しみをも引き起こす。つまり茨は、その棘でイエスの血を流すばかりでなく、王冠の形に編まれることによって、彼のみじめな王国を嘲るのだ。↓アカシア、あざみ、さんざし

イルカ　dauphin

①初期キリスト教美術では、救い主キリストはしばしばイルカの姿で描かれるが、その根拠は、古代からの伝承、とくに人間を救うイルカにまつわるいくつかの伝説に見出される。アリオンは、卑劣な船乗りたちによって海に放り込まれたが、彼の歌声に魅されたイルカに救われた。ディオニュソスもまた、やはり卑劣な船乗りたちによって船のマストに縛りつけられたが、つぎつぎに奇跡を起こして、彼らを海に追い落とすと、彼らはイルカになってしまった。その後、悔い改めた彼らは、遭難者を救うことを使命とするようになった。②ヨナが三日三晩その腹のなかにいた大きな魚は、イルカであったとも言われる（ヨナ二）。↓魚

岩　rocher

①頑丈でびくともしない岩は、権力と永遠性のシンボルである。聖書の数多くの節で、ヤハウェは苦境に陥った人間がすがりつくべき岩にたとえられている（詩一八：三、一九：一五）。ヤハウェが岩であると言われるのは、彼が――モーセによれば――「正しくてまっすぐな方」だからだ（申三二：四）。

シナイの荒れ野で、モーセがホレブの岩を杖で叩くと、清水が湧き出した（出一七：一〜七）。②この岩は、キリスト教の伝統では、キリストの予示とされる。キリストは霊の飲み物がほとばしり出る岩なのである（Ⅰコリ一〇：一〜五）。→砂

印（しるし）　sceau

①物や書類、あるいは人間に押されるシンボルマークである印は、帰属や選別、あるいは認知のしるしである。神は、みずからの庇護のもとに生かしておきたい人間を選び出して、彼らの額にしるしをつける（エゼ九）。塗油を受けた者のうえにはヤハウェの霊が下る（イザ六一：一）。②割礼は契約の民に属するすべての者を識別するしるしである（創一七：一〇〜一四）。聖パウロは、割礼を「信仰によって義とされたしるし」と解釈する（ロマ四：一一）。キリスト教は、割礼を受けた者にも受けない者にも、霊によって心に割礼を施すことを勧めるが（ロマ二：二九、Ⅱコリ一：二二、エフェ一：一三）、その心の割礼とは、すでにエレミアが語っている内面的誠実さのしるしにほかならない（エレ四：四）。③イエスはキリスト、すなわち「油を注がれた者」である。それは、彼が神のしるしを付けられた者であるばかりか、彼自身が神にほかならないことを意味する。→油　④印はまた、聖なるもの、秘められたものを封じ込め、保護するという意味を持つ（ダニ一二：四）。「連禱」では、聖母マリアは「封じられた泉」と言われる。⑤「黙示録」では、七つの封印が開かれることが告げられる。子羊がそれらの封印をひとつずつ開くごとに、災いと奇跡の幻がつぎつぎに現われて、ローマ帝国の終焉が間近に迫っていることを告げる（黙六〜九、一一：一四〜一八）。

インク壺　encrier　→ペン

茴香《ういきょう》　fenouil　→薄荷《はっか》

ヴェール（薄幕） voile

①ヴェール（薄幕）は、隠しつつ、垣間見させる。それは聖域を守ると同時にその境界を画する。たとえば、神殿の垂れ幕は越えてはならない境界を示す。年に一度の贖罪の祭の日に、しかも大祭司だけが幕を開いて至聖所に入ることができる（出三〇：一〇、レビ一六、ヘブ九：七）。②地中海およびオリエント地方の習わしでは、結婚前の処女はヴェールで自分の美しさを隠す。結婚式の当日、花婿だけがそのヴェールを脱がせる権利を持つが、花嫁のほうは、今度は妻のヴェールをかぶらねばならない。ヴェールは女性性を聖化する（と同時に、服従させる）。図像では、聖母マリアはヴェールをかぶっているが、それは処女のヴェールであると同時に妻のヴェールでもある。③キリストによる啓示とは、古い律法が覆い隠していた真理のヴェールがついに剝がされたということにほかならない（マタ一〇：二六）。キリストが犠牲となったその瞬間に神殿の垂れ幕が真っ二つに裂けたという話（マタ二七：五一）は、そうした意味に解するべきであろう。かくして、救い主自身である神秘の神殿に、誰もが入ることができるようになった。

うさぎ lapin

うさぎは両義的なシンボルであり、一方では多産・豊饒を、他方では淫欲を表わす。《キリスト降誕》に描かれるうさぎのつがいは、豊かな実りをもたらすメシアの誕生を称えている。一方、聖母マリアの足元にうさぎが描かれる場合、対照的に、聖処女のけがれなさを暗示している。

牛（去勢した雄牛） bœuf

①生け贄によく用いられる牛は、子羊と同様に、十字架上で犠牲となったキリストを表わす。とはいえ、キリスト教の伝統では、子羊ばかりがもてはやされることになった。②有翼の牛は福音書記者ル

カの標章であるが、それは彼の福音書のはじめにザカリアの犠牲が記されているからである（ルカ一：八～九）。→**四つの形**　③牛は、ろばとともに、《キリスト降誕》に描かれる。それは「偽マタイによる福音書」の記述に基づくが、その記述の由来は「イザヤ書」の次の一節にある（イザ一：三）——「牛は飼い主を知り／ろばは主人の飼い葉桶を知っている。しかし、イスラエルは知らず／わたしの民は見分けない」。つまり、イエスがメシアであることを認めたのは、イスラエルの民ではなく、むしろ牛やろばのようないやしい者たちだったのだ。→**子牛、ろば**

蛆（虫）　ver

錆や衣魚と同様、蛆（虫）は、朽ちることのない真の宝と対比され、物質的富の腐敗を表わす（ヨブ二一：二六、マタ六：一九～二一、ヤコ五：二）。→**錆**《さび》**、衣魚**《しみ》

うずら　caille

①ツバメと同様、うずらは渡り鳥である。うずらは春の訪れとともに戻ってくるので、その飛来は天の祝福として歓迎される。②荒れ野をさまようヘブライの民のうえに、うずらの大群がひとりでに地に落ち、そこからマナが現われた（出一六：一三、民一一：三一）。この場合、うずらは神の摂理の現われにほかならない。→**ツバメ、マナ**

腕　bras

①手と同じく、腕は力のシンボルであり、権力を表わすこともあれば、慈悲心から差しのべる助力を表わすこともある。典礼で、祈禱者が天に向かって両手を差し出すのは、神の力を乞い求める仕草である。→**手**　②教会の平面図で、翼廊の両端は十字架にかかったキリストの両腕を象徴している。→**教会**　③「世俗の腕」すなわち俗権とは、教会裁判で有罪者に極刑を科す場合に、世俗の権力の助け

を借りることを言う。④一方はむき出しで他方は粗布をまとった両腕（しかも、その両手には聖痕がある）が交差し、それが十字架に重ねられている図は、フランシスコ修道会のシンボルである。その両腕は、キリストの腕とアッシジの聖フランチェスコのそれであり、貧困と放念という同じひとつの理想のなかで組み合わされている。→手

畝 sillon

道や川と同じように、広い畑をどこまでも延びてゆく畝は、原罪を償うために課された義務としての人生のアレゴリーである（「労苦 labeur」と「耕作 labour」は語源を同じくする）。→河

馬 cheval

①馬は、戦車（二輪馬車）に繋がれたり、騎手が乗ったりすることから、威厳や権力を象徴する。馬は戦争に結びつき、しかも支配民族に属する動物である。そのため、聖書の物語には、現実の動物としてであれ、象徴としてであれ、馬はほとんど登場しない。登場するとしても、せいぜいファラオ軍の戦車を牽引する動物としてであり、しかもその馬たちは戦車もろともに海に呑み込まれてしまう（出一四:五〜三一）。象徴としての馬もまた、もっぱら異国のものとして登場する。ギリシア文化に染まったユダの王たちは太陽に捧げる馬を神殿の入り口に置いたが、ヨシュアはそれを打ち壊した。神殿はヤハウェひとりを祀るところなのである（王下二三:一一）。馬に頼ることは、偶像崇拝や不信心者たちとの罪深い結託に結びつく（イザ三一:一、ホセ一四:四）。②福音書には、馬がまったく登場しない。イエスが生まれた厩の場面でも、また彼がエルサレムにメシアとして入城する場面でも、登場するのは素朴で柔和なろばだけである（マタ二一:一〜七、マコ一一:一〜七、ルカ一九:二八〜三五、ヨハ一二:一四〜一六）。→ろば ③「黙示録」では、馬というよりも、むしろ騎手について詳し

く語られている。まずは、最初の四つの封印が開かれる際に登場する四人の騎手（黙六：一～一八）。白い馬――騎手は弓を手にしている――はパルティア人を表わす。赤い馬――騎手は剣を持っている――は戦争を表わす。黒い馬――騎手は秤を手にしている――は飢饉を表わす。青白い馬――騎手の名は「死」という――はペストを表わす。かくして、これらの馬と騎手たちは、やがてローマ帝国を襲うはずの四つのイスラエルの災いを表わしている。同じく「黙示録」の最後のほうで、白馬が現われ、その騎手は「誠実」と「真実」と呼ばれるが、この騎手は闘うキリストの象徴にほかならない（黙一九：一一～一六）。その目は火のように輝き、彼のまとうマントは血に染まり、口からは鋭い剣が出ており、手には鉄の笏を持っている…… 彼は神の言葉そのものである。④馬とともに描かれる聖人も少なくない。聖パウロは馬から落ちたところ、エウスタキウスとフベルトゥスは森のなかで馬に乗っているところ、ゲオルギウスは軍馬の上から竜を打ち倒しているところ、マルティヌスは馬上から、またアッシジのフランチェスコは馬から降りて、それぞれ、自分のマントを貧者に与えているところ。

海　mer

①「神は言われた。『天の下の水は一つ所に集まれ。乾いた所が現われよ』。そのようになった。神は乾いた所を地と呼び、水の集まった所を海と呼ばれた。神はこれを見て、良しとされた」（創一：九～一〇）。ユダヤ・キリスト教の伝統では、海は神の偉大さを表わすべく造られた被造物である。神は、自分に逆らう者たちを罰するために、海をひっくり返すことさえできる。たとえばヤハウェは、ティルスの町を深い海底に沈めるぞと威嚇する（エゼ二六：一九）。ヤハウェは嵐を起こし、海をかき立て、波を騒がせることもできるが（エレ三一：三五）、またそれを静めることもできる（ヨナ一：四～一六）。

ヤハウェはまた、その民を通すために海を干上がらせたあと、水を元に戻して敵を溺れさせることもできる（出一四：一五～三一）。②キリストは、この世にいるあいだも、海に命ずることができた。彼は荒れ狂う波を静めたり（マタ八：二三～二七、マコ四：三五～四一、ルカ八：二二～二五）、水の上を歩いたりする（マタ一四：二二～三三、マコ六：四五～五二、ヨハ六：一六～二一）。巨大で深く予知しがたい海は人間の畏怖の対象であり、それを支配できるのはただ神だけである。

エメラルド　émeraude

①緑色をして透明な石であるエメラルドは、光や緑色に関わるシンボルとなる。たとえば「黙示録」では、神が天の玉座に現われ、その「玉座の周りにはエメラルドのような虹が輝いていた」（黙四：三）。→**緑**　②エメラルドは三対神徳のひとつである望徳を表わす石である。③聖杯はエメラルドを刻んで造った杯である。→**アメジスト、サファイア、ダイヤモンド、ルビー**

円　cercle

一本の線で描くことができる完全なる幾何学図形である円は、始まりも終わりもない。また円は計ることができない（円周を正確に計測することは不可能であり、πという数は小数点以下無限に続く）。これらの属性から、円は神のシンボルとされ、計測可能で四つの角によって規定される正方形がこの世の現実を表わすのと対照的である。→**アーケード、球、穹窿**《きゅうりゅう》**、車輪、正方形、薔薇窓、円天井**

円錐　cône

円と三角形の要素を併せ持つ円錐は、霊の世界への上昇の純粋で抽象的なしるしである。円形をしたその底辺は、神性を表わす。正方形をしたピラミッドの底辺とは異なり、具象的・物質的ではないからである。→**円、三角**

円柱（柱） colonne

①揺ぎなく垂直に立ち、神殿（とくにエルサレム神殿）の天井部分を支える円柱は、安定性と力強さを表わす（王上七：二〜六、一五〜二二）。敵の民を徹底的に打ちのめすには、その神殿の柱を切り倒せばよい（士一六：二五〜三〇）。→柱 ②一般に、円柱は木を連想させるため、木の形象とされる。土台は株に、柱身は幹に、柱頭は枝や葉に、それぞれ相当する。円柱は、木、とりわけ命の木をめぐる象徴体系を構成する。→木 最初の命の木とはエデンの園にあるそれであり、新しい命の木とはゴルゴタの丘に立てられたキリストの十字架である。円柱と十字架の平行関係は、円柱が穹窿（天を象徴する）と地面を結びつけることで、人間に救済をもたらす神の子の受肉の表象となりうることから、さらに豊かな意味を持つ。③鞭打ちの刑を受けた際、イエスは円柱に縛りつけられた。そのため、円柱も受難具のひとつとされる。④途中から切断された円柱は、夭逝のシンボルとして用いられるが、より一般的には、死すべき存在――それがアダムとエバが原罪を犯して以来の人間の運命である――のしるしとなる。

円盤 disque →円、球、車輪

王 roi

①ダビデやソロモンと同じく、キリストも王であり、神によって聖別された者である。「わたしの国は、この世には属していない」（ヨハ一八：三六）、キリストはピラトにそう言ったにもかかわらず、ピラトはキリストの罪状を書いた札――そこには「ナザレのイエス、ユダヤ人の王」と書かれている――を十字架の上に掛けた（マタ二七：三七、マコ一五：二六、ルカ二三：三八、ヨハ一九：二〇〜二二）。荒れ野で過ごした四〇日のあいだにも、イエスはすでにこの世の王国との対決を迫られていた。この試練のときに、悪魔は、彼を誘惑すべく、この世の王国のすべてを与えようと言ったのである（マタ四：

八〜一〇)。イエスがメシアとしてエルサレムに入城する際にも、群衆は彼を王として迎えようとした(マタ二一:一〜一一、マコ一一:一〜一一、ルカ一九:二八〜三八、ヨハ一二:一二〜一六)。ピラトの兵士たちは、キリストに紫の服をまとわせ、手には笏に擬した葦の棒を持たせ、頭に茨の冠をかぶせて、王の聖別式のパロディに興じた(マタ二七:二七〜三一、マコ一五:一六〜二〇、ヨハ一九:一〜三)。十字架の下で、通行人たちはキリストをみじめな王としてからかった(マタ二七:三九〜四四、マコ一五:二九〜三二、ルカ二三:三五〜三七)。キリストはたしかに王である。しかし、彼が告げる王国は天の国、永遠の命のための父の国である。②外典福音書は東方の三博士(マタ二:一〜一二)を王としているが、それは、生まれたばかりの光(メシア)のもとに王たちがやって来て、贈り物を献じるだろうと予告するいくつかの預言に基づいている(詩七二:一〇〜一五、イザ四九:二三、六〇:三〜六)。

王冠 couronne →冠

王座(玉座) trône

①他の者たちがみんな立ったままでいなければならないのに、自分だけが坐っていられるというのは王の特権である。それは宗主たることのしるしであり、高いところに置かれ、豪華な装飾をほどこした王座によって具象化される。聖書はソロモン王の王座がいかにみごとであるかを詳細に記述している(王上一〇:一八〜二〇)。→象牙 ②だが、たいていの場合、王座は神性と結びついている。至聖所にふたりのケルビムとともに置かれた契約の箱は、ヤハウェの王座と呼ばれた(サム上四:四、サム下六:二、詩八〇:二、九九:一)。エゼキエルが見た幻は次のようであった――翼のある四匹の「生き物の頭上にある大空の上に、サファイアのように見える王座の形をしたものがあり、王座の形をしたものの上には高く人間のように見える形をしたものがあった。〔……〕これが主の栄光の姿の有様であっ

た」（エゼ一：二六～二八）。③キリストは十字架という王座に挙げられ、その後蘇って、天に昇り、父の右に坐した。最後の審判で、「人の子は、栄光に輝いて天使たちを皆従えてくるとき、その栄光の座に着く」（マタ二五：三一）。④天国では、聖人たちにも座が用意され、そこに座って神を拝顔する恩恵が与えられるとされるが、その有様は「黙示録」に描かれている子羊の玉座を囲んで座る二四人の長老たちを思わせる（黙七：九～一七）。⑤ビザンチン美術の図像では、誰も座っていない椅子が十字架と受難具とともに描かれることがあるが、それはエティマシア（空の御座）と言われ、最後の審判のために再臨するキリストを待つ王座を表わしている。⑥王座はまた「父」を表わすこともあり、その王座の上に「子」の十字架と「聖霊」を表わす白い鳩が置かれると、三位一体の表象が完成する。→三、白鳩　⑦「連禱」では、聖母マリアは「知恵の玉座」と呼ばれる。

雄牛　taureau

「金の子牛」のエピソード（出三二）には、ヘブライの民の記憶に残るヤハウェ信仰以前の古い宗教儀式が反映している。しかし、この牛の像を造ることによって、異端者たちが崇めようとしたのは、ほんとうは子牛ではなく、熱情と多産・豊饒を象徴する雄牛なのだ。こうした異端を非難する者たち（つまりは聖書の記者たち）が、嘲笑の意味で、この像を「金の子牛」と呼んだのである。→金、子牛

王杖　sceptre　→笏

オウム　perroquet

多色の羽根のなかでも血のような赤が勝っていること、また言葉をしゃべることから、オウムは贖罪の代弁者とされる。

狼　loup

①残忍な肉食動物である狼は、悪の象徴である。それは、キリストによって派遣された弟子たちが敵意に充ちた世間で遭遇するはずのさまざまな危険を表わす。「わたしはあなたがたを遣わす。それは、狼の群れに羊を送り込むようなものだ」（マタ一〇：一六、ルカ一〇：三）。→食人獣　②ドミニコ会修道士たちは、「主の番犬」としての任務を果たすべく、異端者という狼との戦いに勇んで出発するところがしばしば描かれる。→犬　③アッシジのフランチェスコは、グービオの住民を怯えさせていた獰猛な狼を飼い慣らした。そこで、子羊のように柔和になったこの動物は、聖人の標章のひとつとなった。

雄鹿　cerf

①頭の上にみごとな枝角を生やした雄鹿は、植物界、とりわけ木に結びつく動物であり、木の象徴性を分かち持っている。聖エウスタキウス、聖フベルトゥス、そして「善き接待者」聖ユリアヌスは、雄鹿の枝角のあいだに十字架にかかったキリストを幻視するというエピソードを共有している。このように、十字架を連想させる枝角を持つ雄鹿は、キリスト顕現の媒介者となる。②初期キリスト教および中世美術では、清水の湧き出る泉や楽園を流れる川で渇いた喉を潤す雄鹿は、神にめぐり逢いたいと渇望する信者たちの魂（とくに洗礼志願者たちのそれ）を表わしている（詩四二：二）。また蛇の臭いを嗅ぐ雄鹿ないし雌鹿は、救いを求める心が誘惑と闘うさまを暗示している。

オダマキ　ancolie

白、青、ないしピンクの花を咲かせるオダマキは、雨水を受けるという特性を持つ。それゆえ、ラテン語ではこの花をaquilegus（「水を受けるもの」）といい、フランス語のancolieという名もそこから由来する。オダマキは受難を象徴する。この花が、十字架上のキリストの脇腹を槍で突いたときに流れ出た血と水を思わせるからである〔ヨハ一九：三三～三四〕。

踊り　danse

①イスラエルの儀式には踊りの要素はない。聖書でも、踊りに言及することはあっても、たいていの場合、偶像崇拝の行為として糾弾するためでしかない。モーセがシナイ山から下りると、堕落した民は金の子牛の像の前で踊っていた〔出三二：一九〕。また、カルメル山の上で、バアルの崇拝者たちは、ヤハウェを忘れ、彼らの新しい神の祭壇を前にして踊った〔王上一八：二六〕。しかし、紅海を渡り終えたときに喜んで歌い踊ったモーセの姉ミリアム〔出一五：二〇～二一〕やエルサレムに戻った契約の箱を前にして踊るダビデ〔サム下六〕の例では、踊りはむしろ肯定的な意味合いを持つ。②ヘロデの誕生日の祝いの席〔マコ六：二一～二八〕でサロメが踊ったことが、思いもかけず、洗礼者ヨハネの斬首の原因となった。福音書に描かれているこのエピソードでも、踊りは、一見何の罪もなさそうだが、やはり悪と背徳に結びついている。

帯　ceinture

①古代の衣裳には欠かせない帯は、腰に巻きつけることから、秩序の観念と結びつく。それは拘束や呪いとされることもあれば〔詩一〇九：一九〕、反対に祝福とされることもある〔詩七六：一一〕。イスラエルの民が過越の祭を祝う際、ヤハウェの掟に従って帯を締めるが、それは旅立ちの支度ができたというしるしである〔出一二：一一〕。自分で帯を締めるということは、聖霊によって認められた精神的成熟の証である〔ヨハ二一：一八〕。帯をきつく締めるのは、普通、禁欲や貞淑を表わすが、力〔詩一八：四〇〕や正義〔イザ一一：五〕の座である腰を引き締め、保護することを意味する場合もある。②『黄金伝説』〔十三世紀に成立した聖人伝集〕によれば、聖母マリアは、何ごとも容易に信じようとしない聖ト

マスに自分が現身のまま天に挙げられたことを分からせるために、身に巻いていた帯を天から落としたという。③聖ゲオルギウスの伝説では、竜を打ち負かしたこの英雄は、助け出した王女の帯で竜を縛り、町中を引き回したと言われている。④聖パウロは、真理を帯に喩えている（エフェ六：一四）。

雄羊　bélier

雄羊は、その頑丈な角が示すように、力の強い動物であるが、また牛と同様、生け贄の動物でもある。アブラハムは、息子の代わりに、茂みのなかにいた雄羊を生け贄として捧げた（創二二：一三）。この場合は、雄羊が息子の身代わりになったわけだが、十字架上の「子」には、身代わりになる動物はいなかった。→茂み

オメガ　Ω　→アルファにしてオメガ

雄山羊　bouc

①雄山羊は、単に淫欲だけでなく、一般的な意味での罪の概念と結びついている。雄山羊は、罪を引き寄せ、身に受け、さらにそれを遠くまで運んでゆく。それが贖罪の山羊に課された役目である。贖罪日には、二匹の雄山羊がヤハウェに捧げられた。その二匹についてくじを引き、一匹を祭壇で生け贄にして、その血を生き残ったもう一匹に浴びせたうえで、その山羊を荒れ野に連れてゆく。それが贖罪の儀式であり、イスラエルの民の穢れ、禁忌の侵犯、さまざまな罪は、生け贄となった山羊の血によって洗い清められ、さらに生き残った山羊によって荒れ野に住む悪魔アザゼルのもとへと運ばれる（レビ一六：一〜二八）。②終末に言及する際、イエスはその様を次のように描く――「人の子は、栄光に輝いて天使たちを皆従えてくるとき、その栄光の座に着く。そして、すべての国の民がその前に集められると、羊飼いが羊と山羊を分けるように、彼らをより分け、羊を右に、山羊を左に置く」

（マタ二五：三一〜三二）。このように、悪の象徴である雄山羊は、善の象徴である羊と対比される。

オリーブ　olivier

①地中海沿岸のあらゆる文明で聖なる木とされるオリーブは、神の平和のシンボルである。鳩がオリーブの枝をノアのもとにくわえて戻り、大洪水の終わりを告げる（創八：八〜一二）。→**白鳩**　②いくつかの《受胎告知》では、天使ガブリエルがマリアにオリーブの枝を捧げているところが描かれているが、それは、キリストの到来によって、神と人間とのあいだに新しい平和の契約が結ばれることを示すものである。③オリーブはまた、受難と結びつく。伝承では、イエスがメシアとしてエルサレムに入城した際、群衆は彼の通る道にオリーブの枝を敷いたとされる。死の前日、イエスはオリーブ山に入って行き、そこで逮捕された。伝承によれば、十字架の木はオリーブとレバノン杉であった。④オリーブの木はまた、聖母マリアの標章である。⑤オリーブの実からは油が採れるが、その油は多くの象徴的意味を担っている。→**油**

オレンジ　orange

①伝統図像では、りんごやいちじくと同じく、オレンジは善悪の知識の木の実を表わすこともある。→**いちじく、りんご**　②このように、オレンジは原罪と結びつくこともあるが、同時にまた、その果汁がキリストの血を思わせることから、受難の形象ともなる。

雄鶏　coq

①キリスト教の象徴体系では、雄鶏は聖ペテロと彼の三度の否認に結びつく。あとになって、ペトロはイエスの言葉を思い出す――「鶏が二度鳴く前に、あなたは三度わたしのことを知らないと言うだろう」（マコ一四：七二）。ここでは、雄鶏は誘惑に対する警戒心を意味するが、ペテロは誘惑に屈し

てしまった。②雄鶏はまた、より一般的な意味で、目覚めている状態を意味する。早くから目を覚まし、新しい一日の曙光の訪れを鬨の声で告げる雄鶏は、闇に対する光の勝利、あるいは死に対する生の勝利を知らせる番人ないし伝令なのである。要するに、雄鶏はキリストの復活のシンボルにほかならない。→**鐘楼**

女　femme

①人間を救済するために神が人になるという受肉の論理に従って、キリスト教ではエバとマリアというふたりの女を対比させる。エバは原罪の元凶となった女であり、一方、マリアは、神の母になるという未曾有の使命を引き受けることによって、子であるキリストが行なう贖いの業を準備した。神を身ごもったことをマリアに告げる天使のAve（めでたし）という言葉によって、Eva（エバ）という名前の文字がみごとにひっくり返されたのだ。マリアは、不可思議にも、女が担うべきあらゆる役割を併せ持つ。彼女は処女であり、母であり、姉妹であり、娘であり、許婚であり、妻である。キリストが新しいアダムであるとすれば、彼女は新しいエバである。②当時の習慣に反して、イエスは女たちを心の友、精神の友とし、彼女たちと交際することを少しもためらわなかった。マグダラのマリア、ラザロの姉妹であるマルタとマリア、不義を犯した女、サマリアの女……　さらにはイエスがその体と心を癒したすべての女たち（ルカ八：一～三）。

蚊　moustique

蚊〔新共同訳では「ぶよ」〕は、ヘブライの民を隷属から解放するよう、ファラオを威嚇するために、神がエジプトに送り込んだ一〇の災いのひとつである（出八：一二～一五）。

貝　coquillage

①水のシンボルである貝は、その形が女性器を思わせることから、多産・豊饒、さらには誕生を表わす。聖母マリアは、聖霊によってキリストという真珠を生み出した処女なる貝である。②ホタテ貝（coquille Saint-Jacques）は、スペインのサンティアゴ・デ・コンポステラに赴き、大ヤコブ（Jacques le Majeur）――ゼベダイの子ヤコブのことで、ホタテ貝は彼の標章である――の墓に詣でる巡礼者たちを見分けるしるしである。→**巡礼杖**

骸骨　squelette

①肉が崩れ去ったあとの肉体の残骸である骸骨は死を表わすが、この表象は寓意的意味を帯びることもある。②骸骨が動き出し、黒いケープを纏い、長鎌を持っているところがしばしば描かれるが（その足元に水時計が置かれることもある）、それは死が命を刈り取るという寓意である。→**鎌**

階段　escalier

①梯子と同様、階段は天への上昇を表わす。→梯子　②ローマのラテラノ広場のそばにある「聖階段」は、キリストが尋問を受けるために登った総督ピラトの官邸の階段であったとされる。→敷石

外套（マント）　manteau

①受難に際してキリストが着せられたり脱がされたりした外套は、象徴的意味を持っている。兵士たちがイエスを鞭打つべく彼の衣服を脱がす場面（マタ二七：二六）では、外套を剝ぎ取ることが人間としての尊厳を奪うことを意味している。かくして、人間性を奪われた裸の身体に拷問が加えられるのだ。イエスがヘロデによって（ルカ二三：一一）、あるいはピラトの兵士たちによって（マタ二七：二八、マコ一五：一七、ヨハ一九：一～二）着せられた紫の外套はこの世の王権のシンボルである。彼らは皮肉の意味でイエスを王になぞらえたわけだが、むろん、イエスはこの世の王になろうとしたことは一度もなかった。彼が支配するのはまったく別の王国、霊の王国である（ヨハ一八：三六）。十字架にかけられるまえに脱がされたイエスの服（チュニカ）を、兵士たちがくじ引きで分け合った（マタ二七：三五、マコ一五：二四、ルカ二三：三四）。→さいころ　ヨハネ福音書では、その服は、大祭司の着ているものと同じように、縫い目がなかったとはっきり書かれているが（ヨハ一九：二三）、それは十字架上のキリストが至高の祭司職についたことを示している。②ビザンチン美術では、キリストは青い外套を羽織っているのが通例であるが、この外套は彼の人間性を表わしている。またその外套の下からは、金の筋の入った赤い寛衣が覗いているが、それは彼の神性を表わしている。→青、赤　③十四世紀には、西ヨーロッパで《慈悲の聖母》の図が流行した。聖母が自分の着ている外套を大きく広げ、その下に彼女の庇護を求めてやって来た信徒たちがひざまずいているところが描かれている。④聖マルティヌスと聖フランチェスコは自分の

着ている外套をひとに与えてしまう。前者は、アミアンの町に入るところで、外套を半分に割き、その一方をひとりの乞食に与え、後者は、アッシジ郊外の田舎で、落ちぶれた騎士にそっくり与えてしまう。⑤頭巾付き袖なしマントは巡礼者のシンボルともいうべき外套である。→貝、巡礼杖

海綿　éponge

海綿は受難具のひとつである。死ぬ直前、イエスは渇いた。そこで、その場に居合わせた人びとのうちのひとりが、葦の棒の先に酢に浸した海綿をつけて、彼に差し出した（マタ二七：四八、マコ一五：三六、ルカ二三：三六、ヨハ一九：二九～三〇）。共観福音書では、それをあざけりの意味に解しているが、ヨハネ福音書では同情の行為としているようだ。→葦、酢、ヒソプ

回廊　cloître

閉じられた場所である回廊は、それ自体で完結した完全なる世界である。それは天のエルサレム（黙二一）の地上での写しにほかならない。ふたつの小径が十字に交わり、その交点である中央には井戸、十字架、そして一本の木ないしは円柱が立っているが、それらは宇宙軸を表わす。その井戸は大地の底と繋がっており、その方形の上には天の穹窿がかぶさっている。回廊の全体は、宇宙のさまざまな位相の理想的な結合、あるいはまた感覚界と英知界との和合を表わしている。→井戸、円柱

蛙　grenouille

①蛙は嫌悪感を引き起こす。ヒキガエルと混同される場合、その嫌悪感はさらに大きくなる。エジプトの第二の災いは蛙の来襲であった（出八：一～一五）。以来、蛙は悪魔の化身とされてきた。「黙示録」では、竜や獣や偽預言者たちの口から出るけがれた霊は蛙のような姿をしているとされる（黙一六：一二～一三）。②蛙は変態するために、古代の伝承では、誕生、再生、復活のシンボルとされるが、

その名残はキリスト教でも見られ、たとえば、十字架を担う蛙が描かれることもある。→ヒキガエル

鏡 miroir

①四枢要徳のひとつ、賢明の寓意としてよく用いられる鏡は、自分の前を眺めるだけでなく、自分の後ろを眺めることも可能にする。この前と後ろは、時間的にいうなら、過去と未来である。→双面

②鏡はまた、悪徳のひとつである虚栄の寓意にもなる。虚栄は、鏡に映る自分の美しさを眺めて飽きないが、その美しさはつかの間に消え去る幻影でしかない。

鍵 clef

①イザヤの預言（イザ二二：二二）を受けて、イエスはペトロに約束する——「わたしはあなたに天の国の鍵を授ける。あなたが地上でつなぐことは、天上でもつながれる。あなたが地上で解くことは、天上でも解かれる」（マタ一六：一九）。かくして鍵は、図像では聖ペトロの標章となり、またカトリックの伝統では教皇位のシンボルとなっている。煉獄の概念が確立されてからは、教皇の鍵はふたつとなり、ひとつ（金の鍵）は天国の門を開き、もうひとつ（銀の鍵）は煉獄の門を開くとされる。→三重冠 ②天の国の鍵は霊的な富を約束するが、物質的な富を隠しておく鍵もある。その場合、鍵は、七つの大罪のひとつである吝嗇を表わす。→門

陰 ombre

①陰は、常識に反して、闇や夜に結びつくどころか、むしろ神の形象のひとつである。神の陰は光り輝いている。それは密雲であり、その雲を通してヤハウェがみずからの存在を示す（出一三：二二、一九：一六、二四：一六）。②神の地上への到来、すなわち受肉は、「いと高き方」の陰のもとでなされる。受胎告知の際、天使はマリアにこう言った——「いと高き方の力がその陰であなたを包む」（新

共同訳では「いと高き方の力があなたを包む」」（ルカ一：三五）。またキリスト変容のとき、弟子たちのまえに「雲が現われて、彼らをその陰で覆った」〔新共同訳では「雲が現われて彼らを覆った」〕（ルカ九：三四）。陰は光のしるしである。→雲

籠　corbeille, panier

①果物や花や緑の葉をあふれんばかりに詰め込んだ籠は、楽園の象徴である。それは、選ばれた者たちの永遠の命のために神が約束したさまざまな恩恵を表わす。②パンがぎっしり詰まった籠は、イエスがパンを一〇〇〇倍にも増やしたエピソード（マタ一四：一三～二一、一五：三二～三九、マコ六：三〇～四四、八：一～一〇ルカ、九：一〇～一七、ヨハ六：一～一三）にちなんで、聖体の秘跡のシンボルとなる。→パン　③《受胎告知》で、マリアの足元に羊毛の詰まった籠が描かれることがあるのは、外典福音書の記述に従い、大祭司がマリアに命じたとされる糸紡ぎの仕事を表わしている。彼女は神殿の垂れ幕を織るための紫と緋の糸を紡いでいたのである。

カササギ　pie

絶えずやかましく囀るところから、カササギは無用なおしゃべりのシンボルであり、まことの言葉、神のロゴスと対比される。

樫　chêne

①多くの伝統社会で聖なる木とされる樫は、その堅さ、力強さ、長命、高さゆえに、地に根を下ろしつつ天に向かう神性を表わす。→レバノン杉　②アブラハムが三人の客人をもてなしたのも、マムレの樫の木陰であった（創一八）。伝承では、この三人は三位一体の秘義を表わすとされる。→三、食事

舵　gouvernail　→舵柄《だへい》

果実　fruit　→果物

梶棒　timon　→轅《ながえ》

風　vent

①神秘的で、とらえがたく、また人間の力の及ばない風は、あらゆる宗教で、神性を帯びたものとされる。聖書でも、冒頭から、神の霊の風について語られている。まだ地には何もなく、闇が深淵を覆っていたときにも、その風は水の上を動いていた（創一：二）。人間を造ったとき、人間に命を与えたのも神の息吹であった（創二：七）。またアダムとエバが原罪を犯すと、「その日、そよ風のなかを、園を歩くヤハウェの足音が聞こえた」（創三：八）。選ばれた民は、どこにいても、吹く風のなかに神の現存を認める。神は「雲を駆って進む方」（詩六八：五）とも呼ばれるが、それは、神が「風の翼に乗って」天駆けるからである（詩一八：一一、一〇四：三〜四）。②聖霊は人間の救いのために吹く。五旬祭の日、「突然、激しい風が吹いてくるような音が天から聞こえた」（使二：一〜二）かと思うと、使徒たちひとりひとりのうえに炎の舌が降った。このように、風と火は聖霊の顕現のふたつの形態である。

風笛　cornemuse　→バグパイプ

ガゼル　gazelle　→かもしか

かたつむり　escargot

①貝と同じく、女性器を連想させることから、かたつむりもまた、多産・豊饒のシンボルとされるが、とくに《受胎告知》の図像では、マリアの処女なる母性を表わす。②かたつむりの殻の螺旋形は、進化発展の概念に結びつくが、キリスト教の文脈では、時間の進展、すなわち天地創造からキリストの到来、さらにはキリスト再来の期待に及ぶ救済史を象徴する。→**螺旋**　③かたつむりはまた、冬中、

あたかも墓に入るように殻のなかに閉じこもり、毎年復活祭の頃、冬眠から覚めることから、復活と永遠の命を表わすキリスト的シンボルとなる。

カップル couple **→対称、二**

金槌 marteau **→槌**

金 argent **→銀②**

鐘 cloche

復活祭の鐘にまつわる民間伝承は、四旬節の間中、謹慎の意味で鳴らすことが禁じられていた鐘が、復活祭になると、キリストの復活を祝うべく、一斉に鳴らされるという習慣から生まれた。そこで、子供たちには、それまでローマに行っていた鐘が、道々、チョコレートでできた卵をふり撒きながら、たったいま戻ってきたところだと、まことしやかに語られる。**→卵**

かね尺 équerre **→定規**

カーネーション œillet **→なでしこ**

兜 casque

力と不死身のシンボルである兜は、三対神徳のひとつである信徳、四枢要徳のひとつである剛毅などの寓意となる。「知恵の書」では「主は正義の胸当てを着け、偽りのない裁きの兜をかぶる」と言われている(知五:一八)。また聖パウロは「救いの兜をかぶりなさい」(エフェ六:一七)と言っているが、この比喩は「イザヤ書」から借りている(イザ五九:一七)。**→楯、剣、胸当て**

貨幣 monnaie **→硬貨**

鎌　faucille, faux

①稔った麦を刈り入れるときに使う鎌は、最後の審判の道具である（ヨエ四：一二〜一三、マコ四：二八〜二九、黙一四：一五〜一六）。鎌は、最後の刈り入れのとき、毒麦とよい種とを、つまりは御国の子と悪い者の子とを、厳しく選り分ける（マタ一三：二四〜三〇、三六〜四三）。→ぶどうの収穫　②黒いケープを纏い、命の糸を断ち切る長柄の鎌を持った骸骨によって表わされる死の形象は、ギリシアのモイラ、ローマのパルカ（いずれも運命を司る女神）の伝承から生まれた。死は、鎌のごとく、人間を容赦なくなぎ倒す。それをまぬがれる者はひとりもいない。→骸骨、刈り入れ

髪　chevelure

①聖書に出てくるサムソンのエピソードでは、髪は力の象徴である。このイスラエルの士師は、寝ているすきにデリラに髪を剃られたために、力が抜けてしまった（士一六：一九〜二一）。②より一般的には、髪は淫欲と虚栄のシンボルとされ、女たちは——とりわけ教会内では——ヴェールで髪を隠さねばならないし、また修道士が誓願を立てるときには、髪を剃られる。→赤茶色、剃髪　③マグダラのマリアは長い髪をほどいた姿で描かれるが、それは彼女の乱れた生活を暗示すると同時に、彼女が自由の女、愛する女であることを表わしてもいる（ルカ七：三六〜三八）。→香油、娼婦

雷　foudre　→雷雨

髪の房　mèche

イコンの画家たちがキリストの額に描くふたつの髪の房は、彼のふたつの性質、つまり人性と神性を表わしている。→ひげ②

亀　tortue

亀の円い甲羅は、半球の形をしていることから、天の穹窿を思わせ、さらにその甲羅を支える足は、宇宙を支える四本の柱を思わせる。

瓶　vase　→壺、水がめ

仮面　masque

人間の顔の写しである仮面は、虚偽や欺瞞を表わす。仮面をつけることは、瀆神に通じる。それは神の創造の業をみだりに模倣することにほかならない。

かもしか　gazelle

①その優美な姿や軽快な走りのゆえに、かもしかは美と若さの象徴とされる。「雅歌」の愛する乙女は、恋しい若者を、山を越え、丘を跳んでやってくるかもしかに喩える（雅二：八～九）。キリスト教の伝統では、「雅歌」はマリアとイエスの対話として解釈されることから、かもしかは花婿キリストの標章となった。②この動物のもうひとつの特徴は目の美しさである。その澄み切った目は、すべてを見通す神の眼差し、あるいは瞑想する信者たちに神が付与する透視力を連想させる。③中世の彫像には、ライオンその他の猛獣によって喉をかき切られるかもしかがしばしば見られるが、この場合、かもしかは悪の力の犠牲となる罪なき人びとを表わす。④雌鹿やレイヨウ、子鹿がかもしかと混同されることがあるが、その場合、これらの動物は前記のようなかもしかの象徴性を分かち持つことになる。

からし種　sénevé

福音書の「からし種」のたとえは、最初は小さいがやがて大きくなる神の国のありさまを描いている。地に蒔かれたほんの小さな種から木が生え、やがてその木が大きくなると、四方に枝を広げて、空を飛ぶ小鳥たちの休みどころとなる（マタ一三：三一〜三二、マコ四：三〇〜三二、ルカ一三：一八〜一九）。

烏　corbeau

①烏は、古代文明ではしばしば占いの鳥とされるが、「創世記」でも同じ役割を担っている。「四〇日たって、ノアは自分が造った箱舟の窓を開き、烏を放した。烏は飛び立ったが、地上の水が乾くのを待って、出たり入ったりした」（創八：六）。伝承では、烏は結局ノアのもとに戻らなかったとされ、この不忠実な鳥は忠実な鳥である白鳩と対比される。というのも、ノアが烏の次に放った白鳩は、最初こそよい知らせをもたらさなかったが、二度目には地上から水が引いたしるしであるオリーブの若枝をくわえて戻ってくる。かくして烏は、神の加護なしに、ひとり誤った道を行く異教徒たちを表わすとされる。②荒れ野に隠棲する聖人たちの伝記では、烏が彼らに食べ物を、とりわけ丸パンを運んでくる話がよく出てくる。エリヤ（王上一七：一〜七）、パウルス、アントニウス、オヌフリウス、ブノワ……

ガラス　verre

完全に透明な物質であるガラスは、マリアの処女なる胎内にイエスが身ごもられるさまを表わす。聖霊の発する光線が聖処女というガラスの器を刺し貫いたが、その純潔は少しも汚されることはない。

刈り入れ　moisson

①刈り入れは、一年の農作業（月暦）の締めくくりである。種まきと刈り入れのあいだに、発芽、成長、稔りの時期が続く。聖書では、旧約でも新約でも、刈り入れは時の終わり、そして最後の審判を象徴する（ヨエ四：一二〜一三、マタ九：三七）。②だが、ひとは蒔いたのと同じものを刈り取るのだろうか。「悪を蒔く者は災いを刈り入れる」（箴二二：八）。「涙とともに種を蒔く人は、喜びの歌とともに刈り入れる」（詩一二六：五）。「毒麦」のたとえ（マタ一三：二四〜三〇、三六〜四三）もまた、われわれに不確かで不安

な答を返す。というのも、その裁定はもっぱら「人の子」に委ねられており、彼は、天使たちとともに、よい種はとっておき、悪魔が蒔いた毒麦は火にくべてしまうのだ。聖パウロもはっきり言っている――「自分の肉に蒔く者は、肉から滅びを刈り取り、霊に蒔く者は、霊から永遠の命を刈り取ります」（ガラ六：七～八）。↓種、毒麦、ぶどうの収穫

河（川）　fleuve

①源流から海まで延々と続く河を流れ下る水は、そのまま命のシンボルとなるが、また誕生から死に至るまでの人生の比喩ともなる。エデンの園の命の木のそばから発する流れは、まさに命そのものである（創二：一〇～一三）。また、そこから分かれる四つの川は四つの福音書を表わすとされてきたが、それは、福音書が、命の水が流れ出る唯一の岩であるキリストに由来するものと考えられるからである。②モーセにとって、ナイル河は神が定めた運命の始まりとなる第二の誕生の地であった（出二：一～一〇）。同じように、ヨルダン川でイエスがヨハネから受けた洗礼は、キリストとしての公生涯の始まりを告げる（マタ三：一三～一六、マコ一：九～一一、ルカ三：二一～二二）。彼が水から上がったその瞬間、奇跡が起きたが、この奇跡は、彼がメシアであり、メシアとして受難と復活に至る道を歩むべきことを示している。③よく知られた聖クリストフォルス（その名はギリシア語で「キリストを運ぶ者」を意味する）は、幼子イエスを肩に背負い、頑丈な杖をつきながら、河を渡るところが描かれる。「善き接待者」といわれる聖ユリアヌスも河の渡し守であった。

灌水器　goupillon

①灌水器は、聖水に漬けたあと、信者たちに水をふり掛けて祝福するのに用いる、きわめて平和的な道具である。②「剣と灌水器」という成句があるが、教会が、その長い歴史を通じて、霊的権威のみなら

ず世俗的権力をも保持するために、武力に訴えることも辞さなかったのを暗に当てこする言い方である。

鉋《かんな》　**rabot**

①木の表面のでこぼこやざらざらを取り除き、滑らかにする道具である鉋は、融和・和合を表わす。

→**鋸**　②聖ヨセフは大工であり、鉋を使っているところが好んで描かれる。→**定規**

冠　**couronne**

①人間の身体の一番上にある頭に載せ、円形をして光を四方に放つような装飾が施される冠は、偉大さ、力強さ、栄光などを表わす。冠は、月桂樹やミルトなどの緑の枝で編んだり、金や銀などの貴金属で作られ、そのうえに宝石を載せたりするが、いずれにせよ、それをかぶるのは祭司（出二八：三六～三八、シラ四五：一二）や王たちである。ダビデは冠をかぶった姿で描かれる。これらの冠は神から授かったものであり、義人たちの栄光を、そしてとりわけイスラエルとエルサレムの栄光を表わす（エゼ一六：一二、イザ六二：三）。永遠なる王の冠は神自身に属する。「黙示録」の二四人の長老たちは神の玉座の前に自分たちの冠を置いた（黙四：九～一〇）。②神の国で、王であるキリストのかぶっている冠は、受難の際にかぶった茨の冠が昇華したものにほかならない（マタ二七：二七～三一、マコ一五：一六～二〇、ヨハ一九：一～三）。③伝承では、聖母マリアは天使と人間たちの女王とされる。《聖母の戴冠》では、マリアはわが子キリストから天の元后の冠を授けられる。「黙示録」（黙一二：一）では、マリアは頭に一二の星の冠をかぶっている。マリア信仰者たちもまた、ロザリオ（バラ園）で摘んだバラの花でこしらえた冠、「数珠（「数珠」はもともと「小さな花冠」、「小さな帽子」の意）のアヴェ・マリア」を、彼女に捧げる。④多くの神の賛美者たちにも栄光の冠が授けられる。東方の三博士たちも、伝承では王とされる。教会美術では、キリストと同様、聖人たちや福者たちも後光に包まれているが、後光とは光の冠にほかならない。

僧たちは、より具体的に、剃髪することによって、聖職者の尊厳を冠とする→後光⑤

木 arbre

①大地に根を下ろし、空に聳える木は、あらゆる文明を通じて大きな象徴的意味を持つが、ユダヤ・キリスト教の伝統でも最重要の位置を占めている。最初の人間たちが住んでいたエデンの園には、おいしい果実のなる木がたくさん植えられていた（創二：八～九）。園の中央には命の木があったが、堕罪によって園を追われた人間は、その実を食べることができなくなった。この失寵はもうひとつの木に関係している。それは善悪の知識の木であり、その実を取って食べることは神以外の誰にも許されていなかった（創三）。このように、木は至福と永遠を意味しているが、それが神のものである以上、その果実を好き勝手に自分のものにしようとする傲慢な被造物には、不幸の原因ともなる。→果物 ②十字架は新しい命の木であり、神の恩寵によって罪から解き放たれ、光に満ちた世界が再建される際の宇宙の中心軸である。『黄金伝説』には、このふたつの命の木が密接に結びついていることを示す話がある。セツは、父アダムを埋葬する際、エデンの園の命の木から落ちた三つの種を父の口のなかに蒔いたのだが、キリストの十字架を組んだ材木は、ほかでもなく、この人間の始祖の墓から生えた木を切り出したものであった。→十字架② ③「エッサイの木」は、福音書にも語られている通り（マタ一：一～一七、ルカ三：二三～三八）、ダビデの父から始まりキリストに至る家系図の形象化である。キリストは、預言通りに（イザ一一：一～二）、エッサイの木から生えた若枝なのである。④伝統図像では、いくつかの聖画像（《聖母子》、《キリストの変容》、《磔刑》……）の背景に、一本は枯れてすっかり葉を落とし、もう一本は葉が茂っている、二本の木が描かれているが、それぞれ、キリストの死と復活を表わしている。→いちじくの木、糸杉、オリーブの木、樫、からし種、棕櫚の木、レバノン杉

木（材木）　bois

キリスト教の伝統では、木は換喩的に十字架を示す。『黄金伝説』によれば、十字架の木は救済史の全編を貫いている。父アダムを埋葬する際、セツはエデンの園の命の木から採れた三つの種を故人の口に入れた。アダムの墓から生えた木から切り出した材木は、まず橋を造るのに用いられたが、ソロモン王を訪問しようとでかけたシバの女王はこの橋まで来て、それが聖なるものであることを一目で見抜いた。やがて十字架となったこの木は、その後長いあいだ、地中に埋められていたが、コンスタンティヌス大帝の母ヘレナによって発見され、聖遺物とされた。→**十字架①**

黄色　jaune

①地獄から湧き出したかのような刺激臭を持つ硫黄の色である黄色は、悪魔のシンボルである。黄色は裏切りの色であり、ユダの色である。黄色はまた、何世紀にもわたり、神を殺したのはユダヤ人だとするキリスト教徒たちによって、彼らの恥ずべき罪を表わす色として用いられた。→**硫黄**　②逆に、黄色が金の色とされるときには、神々しい光に包まれた天の国を表わす栄光のシンボルとなる。→**レモン**

雉鳩　tourterelle

雉鳩はシンボルとしてはあいまいであり、淫欲を表わすこともあれば、逆に、愛や貞節を表わすこともある。→**鳩**

騎手　cavalier　→**馬**

季節　saisons　→**春、月暦**

キタラ　cithare　→**竪琴**

木蔦　lierre

一年を通じて緑を保つ木蔦は永遠の命のシンボルである。

狐　renard

狐は狡賢い悪魔がまとう姿のひとつである。**→キマイラ、蠍《さそり》、猫、バジリスク、ヒキガエル、蛇、竜**

キマイラ　chimère

水陸両棲の怪獣であり、胸部はライオン、腹部は山羊、しっぽは竜、そしてこれらの動物たちそれぞれの三つの頭を持つ。ギリシア神話に登場するが、それが中世キリスト教の想像世界に入り込み、悪魔の化身となった。**→グリフォン、蠍《さそり》、バジリスク**

キャロット　calotte

頭のてっぺんを覆う丸い小さな帽子で（ユダヤ教徒のかぶるキッパに似ている）、教皇をはじめとする聖職者たちがかぶる。僧侶や教会をあざけって総称するときに、「キャロット」と言われる。また「キャロタン」とは、信心に凝り固まったひとたちに対する蔑称である。

九　neuf

①三の自乗である九は、三位一体の神がもたらす奇跡の数である。受胎告知（三月二十五日）からキリスト降誕（十二月二十五日）のあいだには九カ月があるが、それは人間の受胎から誕生までに要する期間である。むろん、幼子キリストの懐胎は聖霊のなせる業ではあるが。②ディオニシウス・アレオパギタによれば、天使たちは九つの位階に分かれている。また、ダンテの『神曲』にも受け継がれている伝統に従えば、この天使たちの位階に対応して、天国も九つの位相に分かれている。同じ論理に従って、地獄の圏、そして煉獄の層もまた、九つに分かれる。

球　**sphère**

①始まりも終わりもなく、通約不能の完全なる立体である球は、円と同じ象徴的価値を持ち、神性の形象となる。神の顕現を表わすのに、画家たちは球を用いるが、その際、彼らは画面のてっぺんに球の下の部分だけを描く。この下半分の球から、場合に応じて、祝福する手が出たり、光線が出たり、聖霊の鳩が飛び出したりする。永遠なる神、あるいは世界の救い主キリストは、球の上に座った姿で描かれる。また父なる神は、十字架を立てた球を左手に持つ。このように球は、神性そのものを表わすこともあれば、また神の全能が統治する世界を表わすこともある。②教会建築では、半球形をした円天井は神の国に対応し、その下の立方体部分が現世を表わす。↓**円、円天井**

穹窿《きゆうりゆう》　**voûte**

教会の丸くなった天井部分である穹窿ないし円天井は英知界を象徴し、下部構造は感覚界を表わす。建物の穹窿は空の穹窿を表わし、そして空の穹窿は天の国に通じる。↓**球、柱**

教会　**église**

①教会の平面図はキリストのかかった十字架を表わしている。身廊は十字架の支柱に対応し、翼廊の袖部分は横木に対応するほか、内陣（あるいは後陣）は十字架上のキリストの頭の部分に当たる。↓**後陣、身廊**　②教会の天井の高さは、神の啓示を象徴する。穹窿と円天井は英知界を表わし、その下の壁や柱は感覚界を表わす。天井の球形の部分（上部）からその下の平行六面体の部分（下部）への移行は、神が身を低くして地上に降った受肉を暗示する。↓**球、円天井、雌鶏**

経帷子　**linceul**

キリストを葬るために、アリマタヤのヨセフあるいはニコデモが経帷子を持ってきた。この経帷子が、具体的な意味でも、象徴的な意味でも、キリストの死に結びついていることは言うまでもない。しかしそれはまた、伝統的に、復活のしるしであり、その証拠でもあるとされてきた。↓白「（シモン・ペトロ）は墓に入り、亜麻布が置いてあるのを見た。イエスの頭を包んでいた覆いは、亜麻布と同じ所には置いてなく、離れた所に丸めてあった」（ヨハ二〇：六～七）。福音書記者はさらに、ペトロといっしょに来ていた「もう一人の弟子も入って来て、見て、信じた」と書いているが、この弟子とは記者自身のことらしい。↓亜麻布

キリストの銘　chrisme

①原始キリスト教会の重要なシンボルであり、こんにちなお用いられるキリストの銘は、ふたつの文字を組み合わせて作られる。すなわち、ギリシア語のIHCOYC XPICTOC（イエス・キリスト）の頭文字のIとX、あるいはXPICTOC（キリスト）の最初の二文字であるXとPであるが、しだいに後者のほうがよく用いられるようになった。キリストの銘は、多くの場合、円のなかに書き込まれ、さらにその円に十字架を暗示する横線が引かれる。円形で太陽を思わせるこの図形は、まさに神性のしるしである。この銘の両端に、AとΩ（アルファとオメガ）の文字が置かれることもある。②伝承によると、コンスタンティヌス大帝は、三一二年、軍旗にキリストの銘を書き込んで出陣、ミルウィウス橋畔の合戦で、マクセンティウスを打ち破った。↓アルファにしてオメガ、十字架、ラバロム

金　or

①いつまでも錆びることなく輝き続ける金は、永遠の光のシンボルである。きわめて貴重な金属である金は、精神的な豊かさを表わす。かくして、金は神性のしるしとなり、その輝きを表現する。ビザンチン美術のイコンやモザイク画では、キリスト、マリア、その他の聖人たちがいる聖なる空間を表

わすのに、金が用いられる。②金はまた、香〔新共同訳では「乳香」〕と没薬とともに、東方の三博士が幼子イエスに贈り物として献げた三つの宝のひとつであったが（マタ二：一一）、この場合、金はキリストの栄光への鑽仰を表わす。すでに旧約聖書でも、金はイスラエルに約束された富の肯定的シンボルとして用いられ、しかもそれは、ヤハウェに仕えることと抵触しなかった。キリスト教の伝統では、こうした金の精神化は主の公現の前触れとされる（イザ六〇：六）。③金がヤハウェ信仰に反する意味を持つ場合もある。たとえば、「金の子牛」の挿話では、金は虚栄や不信仰を表わしている（出三二）。→子牛 ④より一般的には、金は朽ちやすい富の象徴である。ひとは空しく富を積むことによって、神から離れる（マタ六：一九〜二一）。永久に変わらないと思われていた金も、時の終わりには、錆びてしまうのだ（シラ二九：一〇〜一二、ヤコ五：二〜三）。

銀 argent

①金が黄色であるのに対して、銀は白い。いずれもまばゆい光を放つこのふたつの金属は、それぞれ、太陽と月の表徴となる。太陽を表わす金が、火、熱、男らしさなどの昼の象徴体系を構成するのに対して、月を表わす銀は、水、冷たさ、女性性などの夜の象徴体系を構成する。太陽が人間に対する神の激しい愛を表わすとすれば、月は神の叡智を表わす。②しかし、銀が富（金）〔フランス語のargentは、金属の「銀」と同時に、貨幣としての「金」も意味する〕の同義語として用いられる場合、繁栄や豊かさといった肯定的意味を失って、むしろ堕落や偶像崇拝を意味する。「だれも、二人の主人に仕えることはできない。一方を憎んで他方を愛するか、一方に親しんで他方を軽んじるか、どちらかである。あなたがたは、神と富とに仕えることはできない」（マタ六：二四）。ただし、富（金）としての銀が、施しという形で、道徳的価値を取り戻すこともある（シラ二九：一〇）。

空気　air

土、水、火とともに四大のひとつである空気は、この世にありながら、神に最も近い基本要素である。空気は、命の息吹、神秘の風、そして無限に接する空とも通じる。「魂」や「霊」も、空気に結びつく語である。

釘　clou

①釘は、キリストを十字架にかけ、処刑するのに用いられた受難具のひとつである（マタ二七：三五、マコ一五：二四、ルカ二三：三三、ヨハ一九：一八）。釘は犠牲のなまなましさを思い起こさせる。預言に従い、釘が打たれ、血が流され、手と足が刺し貫かれた（詩二二：一七、イザ五三：五）。②磔刑に用いられた釘の数は伝承によって異なる。ラテン教会では、両足をそろえて釘が打ち込まれたとすることから、釘は三つである。いっぽう、東方教会では、足も別々に釘打たれたとしているので、釘は四つである。③磔刑の釘はニコデモの標章であるが、それは、キリスト降架の際、釘を抜いたのは彼だとされるからである。磔刑の釘はまた、コンスタンティヌス大帝の母、聖女ヘレナの標章でもある。彼女は、エルサレム巡礼の折り、十字架の木とともに、釘を見つけたとされる。

釘抜き　tenailles

①受難具のひとつである釘抜きは、ニコデモ（またはアリマタヤのヨセフ）がキリストの手足に打ち込まれた釘を抜き、キリストを十字架から降ろすのに用いた道具である。→**釘**、**歯**　②釘抜きは聖女アガタの標章である。殉教の際、彼女の乳房は釘抜きのようなもので引きちぎられた。釘抜きは聖女アポロニアの標章でもある。拷問の際、釘抜きで歯を抜かれたのである。

草　herbe

草は両義的なシンボルである。草は家畜を養い、料理に風味を添え、病人の気付けになり、また治療にも役立つ。しかし、草は毒にもなる。過越の子羊は苦菜を添えて食べるが、それは儀礼的ないし禁欲的意味を持つ（出一二：八）。良い羊飼いは羊の群れを青草の生い茂る牧場へと導く（詩二三：一、ヨハ一〇：一～一八）。良い種に悪い草（毒麦）が混じることもある（マタ一三：二四～三〇、三六～四三）。

鎖　chaîne

①鎖に繋がれた男は、感覚への隷属や人間を束縛する肉欲を象徴する。②鎖は、囚人の守護聖人であるノブラックのレオナルドゥス（六世紀）の標章である。

孔雀　paon

①古代の伝統を引き継ぎ、キリスト教図像でも、孔雀は、扇のようにしっぽの羽を広げることから、太陽のシンボルであり、したがってまた神のシンボルでもある。②羽についた大きな目模様は、神を見ること、神と対面することを象徴する。扇のように広げた美しい羽は、星を散りばめた空を思わせることから、天の国の象徴となる。③しばしば、二羽の孔雀が向かい合わせになって、聖杯から飲んでいるところ、あるいは十字架ないし命の木の両側に立っているところが描かれる。→**対称**　このように、孔雀は復活、不死性、救い、永遠の至福の表徴となる。

鯨　baleine

ヨナを呑み込んだ巨大な魚（ヨナ二：一～一一）は、鯨だったとされることもある。→**イルカ②**、**魚**

果物　fruit

①あらゆる伝統文化において、果物は、その種類を問わず、豊穣、肥沃、多産のシンボルである。キ

リスト教では、果物は神の子であるキリストが人類救済のために受肉したことの象徴とされる。↓**オレンジ**、**さくらんぼ**、**ざくろ**、**ぶどうの実** ②新しい果物をもたらす受肉は、人間が犯した原罪を贖うためになされた業であるが、その原罪にも果物が関係している。つまり、アダムとエバは、神だけのものである善悪の知識の木の実を食べてしまったのである（創二：九、一六～一七、三）。↓**いちじく**、**蛇**、**りんご**

口づけ　baiser

①「雅歌」で、乙女が若者について最初に言う言葉は「どうかあの方が、その口で、わたしに口づけしてくださるように」（雅一：二）である。キリスト教の伝統では、この肉の口づけを霊的な結合の意に解してきた。父と子が交わす口づけから聖霊が発する。受肉とは、神の言葉が人類に与えた口づけである。魂は、至高なる神の口づけを求めてやまない。地上を歩む人間は、聖霊の口づけによって支えられる。②初期キリスト教徒たちは平和の口づけによって挨拶を交わす慣わしであったが（ロマ一六：一六）、それに加えて、聖遺物に、とりわけ聖金曜日には十字架像の御足に、口づけする慣習も生まれた。③結合のしるしである平和の口づけとは逆に、ユダの口づけ（マタ二六：四九、マコ一四：四四～四五、ルカ二二：四七～四八）は不和、決裂、裏切りのしるしである。

靴　chaussure　↓履物

軛《くびき》　joug

①牛をつなぐ道具である軛は、服従や従順を意味する。聖書でも、「律法の軛」という比喩がしばしば使われる（シラ五一：二六、ゼファ三：九、哀三：二七、エレ二：二〇）。②イエスは、以上の比喩を受けて、もうひとつ別の、もっと負いやすい軛をもたらすことを告げる（マタ一一：三〇）。使徒ペトロとパウロは、キリストのみをひたすら信じることで、律法の軛から解放されると言う（使一五：一〇、ガラ五：一）。

③図像では、輌は、修道士が着衣式の際に唱える三つの誓願のひとつである従順を表わす（あとふたつは清貧と貞潔）。

熊　**ours**

①熊は、後ろ肢で立つことから、人間を思わせるが、だからといって、人間に対して友好的であるというわけではない。逆に、熊は暴力や残忍さを表わす。洞穴に住む熊は、大地の奈落の底からやってきたかのように思われる。→**食人獣**　②けれども一方では、洞穴で冬眠し、春になって目覚めることから、キリストがしばらく墓のなかにとどまり、やがて復活したことを連想させる。

クミン　**cumin**　→**薄荷**《はっか》

雲　**nuage**

空にあって、明るくも暗くもあり、近づきがたく、漠としてとらえがたい雲は、目には見えずに遍在する神の表徴である。聖書によれば、神は、黒く光り輝く巨大な円柱のような密雲となって、顕現する。

→**陰**、**密雲**

栗色　**marron**

栗色は土の色であり、それゆえに、謙虚さのシンボルである。修道士の着る栗色の服も、謙虚さを表わす。

グリフォン　**griffon**

①グリフォンは、頭と翼と前肢が鷲で、胴体としっぽと後ろ肢がライオンの、空想の動物である。ライオンの地上的強さと鷲の空中での活力を併せ持つグリフォンは、キリストのふたつの性質――神性と人性――のシンボルである。②しかし後世のシンボル体系では、グリフォンの二重的性格は欺瞞と背徳を意味するとされ、そのため、グリフォンは悪魔の表徴となった。

黒　noir

①白とは逆に、黒は色と光の不在とされる。黒は原初の闇の色である（創一：二）。夜や大地の奥底と結びつくことから、黒は恐るべき悪のしるしとなる。黒は苦悶をもたらし、死を告げる。黒は喪の色である。②黒は儀式にもよく用いられ、禁欲的な色であることから、悔悛と贖罪のしるしとなる。司祭の着る黒いスータンは、この世の虚栄を捨て去り、来世で栄光の服を着るのを待つことを意味する。

クローバー　trèfle

①三つ葉のクローバーは、まずは神の三位一体に結びつくが、より一般的には、三の数にちなむあらゆる意味に結びつく。→**三**　②四つ葉のクローバーは、豊かな象徴性を持つ。それは四になった三であり、とりわけ神の受肉の形象となる。つまり、四つ葉のクローバーは、神性（一にして三である）が人間的現実（伝統的に四角で表わされる）に入ったことのシンボルである。→**正方形、立方体**

鍬　houe

①原罪を犯したために、地上の楽園を追われたアダムは、鍬、つるはし、鋤のいずれかを持った姿で描かれる。彼は、いまや、額に汗して自分のパンを得なければならないのだ（創三：一九）。→**耕作**　②復活したキリストは、墓のそばで、園丁の姿をしてマグダラのマリアの前に現われるが、そのときのキリストは、鍬を持っているところを描かれることもある。キリストが「わたしにさわってはいけない」（新共同訳では「わたしにすがりつくのはよしなさい」）と言ったのは、この場面においてである（ヨハ二〇：一一～一八）。

獣　bête

「黙示録」の「獣」（黙一三：一～一〇、一七：一〇、一二～一四）は、教会の敵であるローマ帝国の権力を象徴する。その七つの頭は七人の歴代ローマ皇帝を、一〇の角はイスラエルの一〇人のローマ庇護王を、それぞれ表わしている。この獣の数字は六六六であるが、それは「皇帝ネロ」あるいは「皇帝・神」を意味する（ギリシア語ないしヘブライ語で、アルファベットを数字に置き換えた場合のこれらの文字の合計数である）。要するに、獣の幻想はキリスト教徒を弾圧する皇帝ネロの残虐さを告発するものであるが、「黙示録」の記者が「ネロが死んでも、また別の獣が現われるだろう」と書いているように、獣によって象徴される残虐行為は世の終わりまで絶えることはないだろう。

月桂樹　laurier
古代では、勝者や詩人に月桂樹の冠を授ける習わしがあった。それは栄光と永遠性のしるしであり、その象徴性はキリスト教の伝統にも受け継がれている。コンスタンティヌス大帝の軍旗に描かれたキリストの銘も月桂樹の冠で囲まれている。

結婚　alliance →指輪

月暦　travaux des mois
①中世の図像では、一年十二ヵ月の月ごとに、それぞれの月にちなむ仕事のさまが描かれるが、それは単なる風俗描写を越えた意味を持つ。それらの仕事は、原罪を犯した人間に神が下した断罪の結果なのである。「お前のゆえに、土は呪われたものとなった。お前は、生涯食べ物を得ようと苦しむ。……お前は顔に汗を流してパンを得る」（創三：一七～一九）。②さらに、これらの仕事のほとんどは、象徴的に、福音の言葉に結びつく。「種を蒔く人」のたとえ話は言うまでもなく、畝、ぶどうの木、ぶどう酒、子羊、泉、魚、麦、パンなど、それらは皆、キリストの標章となりうる。最後の審判は、麦の刈り入れやぶどうの収穫によって、あるいは箕《み》や網によって、象徴される。

ケルビム chérubin

①アダムとエバが追放されて以来、エデンの園の門の前には、ふたりのケルビムが門番として立った（創三：二四）。至聖所では、契約の箱の両端にふたりのケルビムが置かれた（出二五：一八～二〇、三七：七～九）。ケルビムはバビロニア起源の精霊で、金塗り木製のスフィンクスの姿をしているが、契約の箱と一体になり、ヤハウェが乗るべき戦車に変身する（エゼ一〇）。②キリスト教の伝統では、ケルビムは天使であり（ディオニシオス・アレオパギタによれば、第二の位階）、ふたつの翼を持ち、子供の容貌をしている。→**スフィンクス、セラフィム**

剣 épée

①剣は、大地から掘り出され、水に漬けた鉄を火で鍛え上げて造る。威嚇のために振り回し、ひとを切って血を流す剣は、殺すこともあれば、ひとを死から守ることもある。このように、剣は恵みと呪いの二重の象徴、つまりは神の義の象徴である。アダムとエバがエデンの園から追放されたとき、ヤハウェは、園の門の両側に、剣をかざすふたりのケルビムを置いた（創三：二四）。→**ケルビム**

その後も、ヤハウェは、人間に試練と恩恵を交互に与えつつ、この世に、飢饉や疫病とともに、剣を送り込み、自分の民を試したり、その敵を懲らしめたりする（エレ二一：七、二四：一〇、エゼ五：一二～一七、六：一一～一二、一二：一六）。イエスは、いつもの愛と許しのメッセージとは一見矛盾するようであるが、次のように断言する――「わたしが来たのは地上に平和をもたらすためだ、と思ってはならない。平和ではなく、剣をもたらすために来たのだ」（マタ一〇：三四）。終末に際しての神の裁きにも同じシンボルが用いられ、最後の審判の天使は右手に剣を持った姿で描かれている。②人間の裁判では、剣は象徴として用いられるばかりでなく、実際にも使われる。ソロモンは、訴え出たふたりの女のうち、どちらが生きた子の本当の母かを知るために、剣を持って来させ、その子をふたつに裂くようにと命じた（王上三：二四～二五）。この人間による裁判に用いられた剣は、神の知恵のしるしとされる。聖ペテロは、イエスが逮捕されたとき、みずからの義を貫くべく、剣を抜いて、大祭司の手下に打ちかかり、片方の耳を切り落としたが、この剣による軽はずみな正義の業を、イエスは厳しくいましめる（マタ二六：五一～五四、マコ一四：四七、ルカ二二：四九～五一、ヨハ一八：一〇～一一）。→耳
③四枢要徳のひとつである正義の寓意像は、剣と秤を持つ。剣は光のシンボルであり、その刃は太陽に煌めく。剣はまた、神の言葉のシンボルでもある。「黙示録」では、白馬の騎士が自分の口から出ている剣で異教の民を打ち倒すが、この舌の代わりをする剣は、ロゴスすなわち神の言葉の表徴にほかならない（黙一九：一一～二一、エフェ六：一七）。④七つの剣で心臓を刺し貫かれたマリア像は「七つの悲しみの聖母」と呼ばれ、「剣で心を差し貫かれる」というシメオンの預言通りに（ルカ二：三三～三五）、わが子イエスとともにある人生の途上でマリアが出会った七つの悲しみを記念するものである。すなわち、シメオンの預言、エジプトへの逃避、エルサレムの神殿で見失ったわが子を捜したこと、カルヴァリオの丘への登攀、イエスの磔刑、十字架降下、墓への埋葬。⑤剣はまた、剣によって殉教を遂げた聖人たちの標章ともなっている。聖パウロ、大ヤコブ、アグネス、ユスティナ、エウフェミア、ルキア、ヴェローナのピエトロ、トマス・ベケット……→灌水器

見台　lutrin

①広げた本を置く見台は、福音書記者あるいは教会博士（たとえば、聖書の翻訳者である聖ヒエロニムスなど）の標章となる。②《受胎告知》のマリアも、しばしば見台に向かっているところが描かれるが、それは、天使ガブリエルがナザレの彼女のもとを訪れたとき、ちょうど「イザヤ書」の受胎告知を預

言する一節を読んでいるところであったとする伝承に基づいている（イザ七：一四）。

ケンタウロス　centaure

古代神話の空想動物、半分は人間、半分は馬のケンタウロスは、あらゆる人間のうちに潜む獣性を表わす。→**人頭獣身**

五　cinq

①数字の五は、人体が描く理想的な形に対応している。両腕を水平より少しうえに挙げ、脚を開き、頭を真っ直ぐに立てると、その五つの部分の先端でほぼ正五角形を描きつつ、人間は光り輝くミクロコスモスとなる。→**星④b**　手の五本の指、五感などは五という数字が人間の本質に根ざすものであることを示している。②旧約聖書でも、五は最重要の数字である。五は他のふたつの数字、すなわち一と一〇の間に位置するしるしである。キリストが両手、両足、脇腹に受けた五つの傷は「人の子」としての栄光のしるしである。キリストが両手、

に関係する。律法が啓示されるのも、またシナイ山の頂きでモーセがヤハウェから十戒を授かったのも、聖書の最初の五書（モーセ五書と言われ、「トーラー」を構成する）、すなわち「創世記」、「出エジプト記」、「レビ記」、「民数記」、「申命記」においてである。→**一〇**　ペリシテ人たちとの戦闘に際して、若きダビデは石投げひもを取り、川から五つの石を選び出し（サム上一七：四〇）、律法の名のもとに戦いに出かけたが、イスラエルの唯一なる神の加護により、たった一個の石でゴリアトを倒した（サム上一七：四九〜五〇）。→**石投げひも**

香　encens

①空に立ち上る香の煙は、神のみに向けられる鑽仰のしるしである。「レビ記」では、香は「これが燃やして主に捧げる宥《なだ》めの香りである」と言われる（レビ二：二）。詩編作者は「わたしの祈りが御前

に立ち昇る香りとなりますように」と歌っている（詩一四一：二）。②幼子キリストを拝みに東方からやって来た三博士は、黄金、没薬とともに、香〔新共同訳では「乳香」〕を贈り物として献げたが（マタ二：一一）、香はメシアが神であることを称えるしるしである。③エルサレムの神殿と同様、キリスト教会でも香が焚かれる。司祭はまず聖体に香を捧げ、ついで、「いと高き方」の恩寵により神性へと招かれている信者たちにも香を振りまく。→**没薬**

硬貨 monnaie

福音書でも、硬貨がたびたび話題になるが、一個の場合もあれば、相当な額にのぼる場合もある。硬貨はいくつかのたとえ話に使われる。「タラントン」のたとえ（マタ二五：一四～一七）、「ムナ」のたとえ（ルカ一九：一二～二七）、「なくした銀貨」のたとえ（ルカ一五：八）、「天の国」のたとえ（マタ一三：四四）。同様に、イエスは、その生涯の折々に、金をめぐる駆け引きに巻きこまれた。たとえば、神殿での皇帝に納めるべき税金をめぐるイエスの発言（マタ二二：一五～二二、マコ一二：一三～一七、ルカ二〇：二〇～二六）、魚の口のなかから見つかった銀貨で神殿税を払う話（マタ一七：二四～二七）、ユダが銀貨三〇枚でイエスを売り渡した話（マタ二六：一五、二七：三～一〇）などを思い浮かべていただきたい。→**魚②、デナリオン**　これらの硬貨に与えられた象徴的および道徳的価値は両義的である。一方では、神に由来する霊的富を表わし、人知を越えた神の義によって配分されたその富は、むしろ大胆に増やすのがよいとされるが、その一方で、一枚ないし数枚の硬貨が、ひとを虜にしたり、禍をもたらしたりする場合もある。イエスがそうした意味での金銭の話をするのは、神のみが与えてくれる真の富を思い出させるためである。最後に付け加えれば、金銭は裏切りと不実のしるしともなりうる。

耕作　labour

「耕作」（labour）と「労働」（labeur）は語源を同じくする。「お前は、生涯（土から）食べ物を得ようと苦しむ」（創三：一七）。神の呪いによって、耕作は、試練としての、また絶えざる贖罪としての、この世の生のあり方そのものを象徴している。耕作の労苦を支えてくれるのは、それによって肥沃になった土地にようやく種を蒔くことができるという希望である。→**種を蒔く人**

子牛　veau

①モーセが留守のあいだにヘブライの民が建てた像について、「出エジプト記」は金の子牛と言っているが（出三二）、そこには嘲笑の意味が含まれているだろう。崇拝者たちにとって、それは立派な雄牛の像であったはずであるが、それはあわれな像でしかなかった。金の子牛は偶像崇拝のシンボルであるが、ヤハウェ信仰の伝統では、こんにちでは物質主義的幻想の象徴とされる。→**金**　②ルカ福音書記者のシンボルは牛であるが、子牛の場合もある。

後陣　chevet

教会の平面図が十字架をかたどっていることからすれば、内陣の後部に位置する後陣は、キリストの頭が置かれている場所ということになる。→**教会**

光線　rayon

①キリスト教美術は、神自身の神性、また神の恩寵により福者たちに付与される聖性を表現するのに、四方に広がる光線を用いる。→**光背、後光、マンドルラ**　②《受胎告知》や《キリストの洗礼》などの図像では、束状になって一方向に走る光線が聖霊の鳩が飛ぶ軌跡をたどっている。

黄道帯　**zodiaque**

中世キリスト教図像では、黄道一二宮が天の国を表わすしるしとして用いられるが（ただし、その起源は異教的である）、そこでは、人の年間の歩み、さらには地上での全生涯に沿う形で、一二の星位が定められている。一二の月にそれぞれの仕事が割り振られ、それに天上の一二宮が重ね合わされるが、それによって、俗世界の時間や人間の卑近な生業にも、宇宙的ないし霊的な次元が加えられる。星座の巡りは神の恩寵の現われであり、それは、天の国への上昇過程がこの地上世界においてすでに始まっていることを示している。

光背　**gloire**

①キリストの像（たとえば、《変容》、《昇天》、《最後の審判》の図）や天使ガブリエル（《受胎告知》の図）や聖母マリア（《被昇天》の図）の像、さらには聖人像から発する光線のことを「光背」と呼ぶ。画家たちはそれによって神性や聖性から発するアウラを表現しようとしたのだ。光背は、その意味で、荘厳された人物の体全体を包む後光に等しい。**→光線、マンドルラ**　②より厳密には、光背は正三角形の象徴的図形から黄金の光の束が四方に広がっているさまをいう。それは神の三位一体を表わし、とくにイエズス会の伝統において好んで用いられる。**→三角**

酵母　**levain**　**→パン種**

蝙蝠《こうもり》　**chauve-souris**

夜に活動し、昼間は暗い洞窟の奥に隠れている蝙蝠は、闇と地獄に属する。律法によれば、蝙蝠はけがれた動物である（レビ一一：一九）。中世の図像では、悪魔は、蝙蝠のそれのように、飛膜と鉤爪のある翼をつけている。

香油　parfum
繊細で奥床しい匂いゆえに、香油は魂や神性などの霊的現実のシンボルとなる。福音書では、香油はひとりの罪深い女に結びついている。彼女はイエスの足を涙で濡らし、自分の長い髪で拭ったあと、高価な香油を塗った（マタ二六：六〜一三、マコ一四：三〜九、ルカ七：三六〜五〇、ヨハ一二：一〜八）。伝承ではマグダラのマリアとされているこの女は、こうした真心からの純朴なやり方で、イエスの神性を称えたのである。→**香、壺、没薬**

光輪　auréole　→**後光**

氷　glace
伝統的に、氷は、まったく逆の性質をもつ猛火と同じく、地獄の劫罰のひとつである。

後光　auréole
①伝統図像で、キリスト、聖母マリア、天使たち、聖人たちなどの頭部の周りに描かれる後光は、彼らの人格そのものからアウラとして滲み出る神性や聖性を表わしている。後光が金色で飾られるのは、太陽を象徴しているためであり（→**太陽**）、また円形をしているのは、球に結びつくあらゆる象徴性を担っているからである。→**光背、マンドルラ**　②キリストの後光が十字形になっているのは、言うまでもなく、十字架をかたどっているためである。十字架の横木の両端には、ギリシア文字のXとPあるいはAとΩが描き込まれることもある。→**アルファにしてオメガ、キリストの銘、十字架③**　③父なる神の後光は三角形であるが、それは三位一体（父なる神はその第一位格）を表わす。→**三角**　④ギリシア正教の図像では、円い後光と正方形の後光が区別される。前者は、死んだ聖人たちのためのもので、それは彼らの体がすでに変容していることを示す。後者は、生者たち（たとえば、敬虔な寄進者たち）のためのものである。

この区別は、円が天上世界を、正方形が地上世界を、それぞれ表わすことに対応している。⑤聖職者たちの剃髪は、後光とほぼ同じく、彼らが聖なる世界に属していることのしるしである。↓**剃髪**

心（心臓） cœur

①人間の中心的器官である心は、聖書では、内面的生――意識的かつ知的な生、さらにまた情動的ないし感情的な生――の座とされ、その点で、外的人間を構成する体ないし肉と対比される（サム上一六：七）。心はしばしば腰と結びつけられるが、それは、腰が心以上に情念や欲動の座であるからだ（ヨブ一九：二七）。↓**腰**　人間が神を求め、神を受け入れるのは、それぞれの心においてである（申四：二九、詩一〇五：三）。神はひとりひとりの心を探り、けがれない心、純朴な心を見分ける（詩一七：三、四四：二二）。②キリスト教の伝統では、心は愛や慈悲の座である。多くの人間たちのために自分を犠牲にしたキリストの愛こそ至高の愛であるとすれば、最も愛に充ちた心とはイエスの心である。かくして、カトリック教会では、キリストの「聖心」への崇拝がおおいに広まり（十七世紀）、それと同時に、槍で刺し貫かれ、茨の冠をいただき、炎と十字架を背にした心臓という独特のシンボルが用いられようになった。↓**火**

腰 reins

聖書では、腰（新共同訳では「はらわた」）は情念と欲動の座と見なされる（ヨブ一九：二七、詩七三：二一）。腰はしばしば心と組み合わされ、ともに人間内部にひそむ意識的および無意識的な力を表わす（心は知性と感情の座である）。「心」と「腰」は、とりわけ、次の言い回しで対になって用いられている。「ヤハウェ、心と腰を推し量る方よ」（詩七：一〇、二六：二、エレ一一：二〇、一七：一〇、二〇：一二）。

子鹿 faon ↓**かもしか**

ゴシキヒワ　chardonneret

色鮮やかな羽をし、囀りも美しいゴシキヒワだが、あざみの種が大好物ということから〔ちなみに、ゴシキヒワはフランス語でchardonneretというが、その名は「あざみ」chardonに由来する〕、厳粛な象徴性を担っている。この鳥は、茨の冠を、つまりはキリストの受難を、告げるのである。→**あざみ**

琥珀　ambre

金（変質しない、純粋である）と銀（その輝き）の性質を併せもつ琥珀は、天上性を表わす。

子羊　agneau

①聖書の伝統では、子羊は、羊飼いヤハウェに導かれ、のどかに草を食む羊の群れであるユダヤ教徒を表わしている（イザ四〇：一〇〜一一）。同様の比喩が、福音書の「良い羊飼いキリスト」のたとえにも見られる（マタ一八：一二〜一四、ルカ一五：三〜七、ヨハ一〇：一五〜一七）。→**羊飼い**　②子羊はまた、生け贄の犠牲にされる。ユダヤ教では過越の祭の生け贄であったが、それがキリスト教では復活祭の生け贄とされた。キリストは子羊であり、十字架の上でその血が流された。キリストのシンボルである復活祭の子羊は、屠られて、七つの封印のある書物の上に立っている姿（黙五：六）、あるいは、すでに蘇って、頭には十字の後光をいただき、やはり十字の入った白い旗を持つ姿で表わされる。

小舟　barque

使徒ペトロとアンデレの職業（漁師）に結びつく小舟は、福音書の数多くのエピソードに登場する。たとえば、イエスがペトロとアンデレの召命を告げる（「人間をとる漁師にしよう」）（マコ一：一六〜一八）、奇跡の漁（ルカ五：一〜一一）、イエスが嵐を静める（マタ八：二三〜二七、マコ四：三五〜四一、ルカ八：二二〜二五）、イエスが水の上を歩く（マタ一四：二二〜二三）、ティベリアス湖畔にイエスが姿を

現わす（ヨハ二一：一～一四）、これらのエピソードにおいて。↓網、船、漁

コマドリ　rouge-gorge　↓ロビン

小麦　blé

オリーブ、ぶどうとともに、小麦は、地中海世界、あるいはさらに広く聖書に描かれている地域全般の三大農作物のひとつである。パン、ぶどう酒、そしてオリーブ油は、多くの古代民族の基本食糧であるが、キリスト教でも、これらの食べ物は豊かで重要な象徴的意味を担っている。小麦は、刈り入れ時に選ばれる良い種を意味する（マタ一三：三六～四三）。また小麦は、多くの実を結ぶために地に落ちて死ぬ種であるキリスト自身を表わす（ヨハ一二：二四）。小麦は小麦粉となり、小麦粉からパンが作られるが、パンは聖体の秘跡においてキリストの体となる（マタ二六：二六、マコ一四：二二）。↓刈り入れ、種

コンパス　compas

①建築士が円を測ったり、描いたりするのに用いる道具であるコンパスは、世界の創造主、偉大なる宇宙の建築士である神のシンボルである。②コンパスがギリシア文字のアルファ（A）に似ていることが、あらゆるものの起源である神の表象性をさらに強めている。③完全でしかも通約不能の図形である円に結びつくあらゆる象徴性を担うコンパスは、間隔を測るのにも用いられるため、計測可能なものと不可能なものとの二重の表象となっている。この二重性が受肉の神秘に照応する。というのも、受肉とは有限の世界に無限なるものが入り込むことにほかならない。④九〇度に開かれたコンパスと直角定規とが組み合わされた図は、フリーメーソンのシンボルのひとつとしてよく知られている。この弁証法的表象は、精神と物質、英知界と感覚界、神とその被造物とのあいだの相補性と対立性を表わしている。

紺碧　azur　↓青

座　siège　→王座

さいころ　dé

さいころは受難具のひとつである。兵士たちは、イエスを十字架にかけてから、彼が身につけていた縫い目のない一枚織りのチュニカを誰が取るか、くじ引きで決めた（ヨハ一九：二三〜二四）。こうして、預言が成就されたのである（詩二二：一九）。より一般的には、さいころとくじは神意のしるしとされる。→外套

罪状書き　écriteau

十字架にかけられたキリストの頭上に、ピラトは「ナザレのイエス、ユダヤ人の王」と書いた罪状書きを掲げさせた。それはヘブライ語、ギリシア語、ラテン語で書かれており、イエス捕縛の理由を示している（マタ二七：三七、マコ一五：二六、ヨハ一九：一九〜二二）。ＩＮＲＩという頭文字は、Iesus Nazareus Rex Iudaerumというラテン語の文章を要約している。罪状書きも受難具のひとつである。

→キリストの銘、三文字

祭壇　autel

①至聖の場所であり、特権的な儀礼空間である祭壇は、語源が示すように（フランス語の「祭壇」autel

はラテン語の「高い」altusに由来する）、いずれも高い壇となっている。生け贄の台である祭壇は、アブラハムが息子のイサクを生け贄として捧げる挿話からもうかがわれるように（創二二：一～一九）、象徴的に血と火に結びつく。②キリスト教の祭壇は、何よりもまず、贖罪の犠牲として、キリストがかけられた十字架である。より一般的には、祭壇は聖体の秘跡のためのテーブルであり、そのまわりに、聖体拝領の参会者たちが集う。→天蓋

財布　bourse

①金貨や銀貨を容れる財布――持ち主の腰帯に括りつけることが多いが、そうでない場合もある――は、七つの大罪のひとつである物欲を象徴する。→鍵② ②財布は、長老たちと祭司長にイエスを引き渡して、銀貨三〇枚を受け取ったユダの標章である（マタ二六：一四～一六、二七：三～一〇、使一：一六～二〇）。→縄② ③マタイは、使徒となる以前、カファルナウムの徴税人であったために、財布がその標章となっている（マタ九：九、マコ二：一三～一四、ルカ五：二七～二八）。

杯《さかずき》　coupe

①杯は、そのなかに入った飲み物ゆえに、重要なシンボルとなる。その飲み物とは、たいていの場合、聖なる飲み物、あるいは霊的な飲み物である。旧約では、杯はヤハウェから人間が受け取る運命を表わす。恵みにあふれる杯（詩二三：五）、あるいは、炎の風、懲罰の風が注がれる杯（詩一一：六）。杯はまた、神の怒りであふれることもある（詩七五：九、イザ五一：一七）。②イエスは、来るべき受難を杯にたとえる（マタ二〇：二二～二三）。ゲッセマネで、その時が来たのを察したイエスは、父なる神に祈りながら、この杯を遠ざけてほしいと願うが、すぐにきっぱりとそれを受け入れる（マタ二六：三九、マコ一四：三六、ルカ二二：四二）。③キリスト教では、杯といえば、何よりもまず、キリストの血を入れた杯

のことである。伝承では、百人隊長あるいはニコデモがキリストの血を蓋つきの杯で受けたとされる。最後の晩餐で、イエスは、パンを配り終わってから、ぶどう酒の入った杯を取り、弟子たちに差し出しながら、こう言った――「皆、この杯から飲みなさい。これは、罪が許されるように、多くの人のために流されるわたしの血、契約の血である」（マタ二六：二七～二九、マコ一四：二三～二五、ルカ二二：二〇）。典礼では、杯はカリスとなったが、それは魂の救いの飲み物の入った甕である。**→聖杯、血**

魚　poisson

①深い水の底から出てきたものの例に漏れず、魚もまた、祝福と呪いの両義的シンボルである。ヨナにとっては、魚は贖罪の道具である。神の命令から逃れようとしたヨナは、巨大な魚に呑み込まれ、その腹のなかで三日三晩を過ごしたのち、ようやく、無事に陸地に吐き出された（ヨナ二：一～一一）。**→イルカ、鯨、墓**　キリスト教の伝承では、ヨナの身に起きたことは、キリストが、黄泉の国に三日三晩とどまったのちに、勝利者として復活することを予示しているとされる（マタ一二：四〇、ルカ一一：三〇）。**→三**　魚はトビアにさまざまな恩恵をもたらす。まずこの若者は、魚の内臓のひどい悪臭によって、サラに取り憑いていた悪魔を追い払い、彼女を娶ることができた。ついで、トビアが盲目の父の目に魚の胆のうの臭いを吹きかけると、父の目が見えるようになった（トビ六：一一）②新約聖書では、魚は神と神の僕たちの網に救い取られるべき人間の魂を表わしている（マタ一三：四八～四九、ルカ五：一～一一、ヨハ二一：一～一三）。イエスがパンを一〇〇〇倍にも増やした挿話（マタ一四：一三～二一、一五：三二～三九、マコ六：三〇～四四、八：一～一〇、ルカ九：一二～一七、ヨハ六：一～一五）にも登場し、また一般に食事に供されることから（ヨハ二一：一～一三）、魚は聖体の秘跡に結びつけられてきた。イエスの命令で、ペトロが湖に行って釣りをすると、釣れた魚の口から銀貨が一枚見つかったが、

たが、それは神殿税を納めるのにちょうどよい額だった（マタ一七：二四～二七）。→**硬貨**　③以上のような福音書の典拠を踏まえて、魚は、初期キリスト教徒たちのあいだで、キリスト自身のシンボルとなった。魚に支えられたり、引っ張られたりする船は、主に導かれる教会の形象である。魚が一匹だけ描かれているのは、もともと、キリストへの固い信仰を表わすものであった。ギリシア語で魚を意味するΙΧΘΥΣはラテン文字に転記するとICHTUS〔より正確にはICHTHUS〕となるが、それはIêsous CHristos Theou Uios Sôtêr（イエス・キリスト　神の子　救い主）の頭文字となっている。それゆえ魚は、ひとつのシンボルではあっても、まさにクレド（信仰表明）を表わしているのだ。

柵　barrière

①壁と同じように、柵は閉ざし、保護し、仕切る。教会では、内陣の柵は聖域の境界を示すが、ただの柵ではなく、もっと立派な仕切り、たとえば聖画が描かれた聖障の場合もある。→**幕**　大修道院付属教会では、この内陣の柵から修道院の禁域が始まる。→**回廊**　②「閉ざされた園」は聖処女マリアの標章であるが、簡単な柵――たとえば葦を編んで作ったもの――によって囲われた形で描かれる。

さくらんぼ　cerise

①さくらんぼはとても甘美なので、楽園の果物とされる。②その赤さは受難のキリストが流した血を思わせる。

ざくろ　grenade

①粒のぎっしり詰まったざくろは、豊穣と多産のシンボルである。図像で、《受胎告知》の庭にざくろが植わっていたり、幼子イエスがざくろを手にしていたりするのも、そうした意味からである。それは豊かな実を結ぶ誕生のしるしであるが、それとともに、ざくろの果肉や果汁の赤い色は受難で流

されたキリストの血を思わせる。またこの果実の甘さは、復活のあとで選ばれた者たちが招かれるはずの神とともにある喜びの前味である。②同じひとつの丸い皮に包まって無数の種が規則正しく並んでいることから、ざくろは、いかなる異端にも揺るがない一なる教会のシンボルとなる。

蠍《さそり》　scorpion

猛毒の針で人を刺す陰険な蠍は、一般に裏切りのシンボルとされるが、とりわけユダの裏切りを表わす。《最後の晩餐》で、食卓の上に蠍が描かれることがあるが（ただのザリガニの場合もある）、それはユダの裏切りを暗示している。→猫

砂漠　désert　→荒れ野

錆《さび》　rouille

蛆虫や衣魚とともに、錆は、物質的な富がすぐに腐敗してしまうことを表わす。だからこそ、朽ちることのない真の宝を積まねばならないのだ（マタ六：一九～二一、ヤコ五：三）。→衣魚《しみ》、蛆

サファイア　saphir

青く煌く宝石であるサファイアは、この世のものならぬ美しさを湛えた石である。明るく澄んだ色をしたサファイアは、天の国のシンボルである。→アメジスト、エメラルド、ダイヤモンド、ルビー

サーベル　sabre　→灌水器、剣

サラマンダー　salamandre

とかげあるいはトリトンに似た空想の動物であるサラマンダーは、火のなかに住みながら、自分は焼かれないという特性を持つ。火を食べて生きているにもかかわらず、体はいつも冷たく、その冷たさで火を消すこともできる。サラマンダーは、魂の平和を失わず、さまざまな試練を受けながらも、神

を信頼することをやめない義人を表わす。→とかげ、不死鳥、竜

ザリガニ　écrevisse

《キリストの洗礼》を描いた初期の絵のなかには、イエスの傍らにヨルダン川の神が立っているところが描かれているものがあるが、この川の神はザリガニの鋏を頭にかぶり、笏の代わりに一本の葦を手に持っている。→蠍《さそり》

猿　singe

人類の退化した姿、人間の戯画と見なされる猿は、あわれな格好をして、しかも悪知恵が働くことから、悪魔のシンボルとされるほか、異端や異教のシンボルとされることもある。より一般的には、失墜し、原罪を負った人間の形象となるが、その場合には、前肢にりんごを持った姿で描かれる。

されこうべ（髑髏）　crâne

①イエスは、エルサレム近郊の「されこうべ」、ヘブライ語で「ゴルゴタ」と呼ばれる丘の上で、十字架にかかった。②《キリスト磔刑》では、十字架下の岩の窪地にされこうべが置かれているが、それはアダムのされこうべで、彼の罪が十字架にかかった「新しいアダム」の血によって洗い清められることを示している。そのされこうべのそばに蛇が描かれることもある。さらにりんごが加えられれば、人間の堕罪へのほのめかしがいっそうはっきりする。その罪をキリストが贖うのである。③聖人像にされこうべが添えられることもある。アッシジの聖フランチェスコ、ラヴェンナのロムアルドゥス、ヒエロニムス、マグダラのマリアなどの場合。それは禁欲ないし悔悛のシンボルであり、されこうべはこの世の生のはかなさを思い起こさせる。

三　trois

①三は、キリスト教徒にとって、三位一体の神を表わす数である。神は三にして一である。三つの位格、すなわち父、子、聖霊は、それぞれに他の二つから区別されるが、神の唯一の本質によってひとつに結び付けられる。三位にして一体、一体にして三位、ここにキリスト教の秘義がひそんでいる。三つの位格のそれぞれに固有の働きが割り当てられている。すなわち、父は力、子は知恵、聖霊は愛である。②神の三位一体を表わすのに、いくつかのタイプのシンボルないし形象が考案されてきた――正三角形、交錯した三つの円、マムレの樫の木のもとに現われた三人の天使、クローバー、王座（父の力）と本（子の知恵）と白鳩（聖霊の愛）の組み合わせ、等々。ルネサンス以来、西方教会では、永遠なる父は白髪白髯の老人の姿をして、十字架にかかった子を支え、その十字架の上を聖霊の鳩が飛んでいるという図が定着した。→**王座**、**樫**、**クローバー**、**三角**、**白鳩**　③キリスト教の三位一体の考えの最初の萌芽は、万軍の主ヤハウェに対して「聖なる、聖なる、聖なる」という言い回しが使われたことにあるとされる（イザ六：三）。同様にまた、十字架にかかって死んだあと、キリストが三日間黄泉の国にとどまったことについて、魚の腹のなかに三日三晩閉じこめられたヨナの試練が、それを予示していたとされる（ヨナ二：一、マタ一二：四〇）。④神に対する徳、すなわち対神徳も、信徳、望徳、愛徳の三つである。

三角　triangle

①正三角形は三位一体の神を表わす。この正三角形の中心に神の眼差しの遍在性を表わすひとつの目が描かれ、さらに三つの頂点のそれぞれから光が発するさまが描かれることもある。→**光背**　②三角形の後光は、三位一体の第一位格である父なる神にしか用いられない。

珊瑚　corail

木を思わせるその形、そしてその赤い色から、珊瑚は十字架のシンボルとなる。十字架とは、そのうえでキリストの血が流された新しい命の木にほかならない。幼子イエスは、首に珊瑚をペンダント風にかけて描かれることもある。↓木

さんざし　aubépine

さんざしはフランス語でaubépineであるが、もともとalba spina（白い棘）の意味である。それゆえにこの花は、受難、そして復活の夜明けというふたつの象徴的意味を合わせ持つ。

三重冠　tiare

教皇の権力を象徴する被り物である三重冠は、三つの冠を重ねたものである。その三つの冠は、教皇が誇る三つの権力、すなわち皇帝、王、教会の長のそれを表わしている。↓鍵

三三　trente-trois

三三はキリストの享年である。イエスは、三〇年間の私生涯ののち、三年の公生涯を送り、三十三歳にして十字架上で死んだ。三十三歳とは、人間として成熟しきった年齢であり、イエスはその成熟しきった人間性を、その絶頂において捧げたのである。

サンダル　sandale　↓履物

三人用横臥食卓　triclinium

三人用横臥食卓（ひとつの食卓のまわりにU字型に三人が横になれるベッドを置いたものでローマ人が用いた）は三位一体の神を象徴する。三人の会食者ということから、アブラハムが三人の天使を食事に招いた故事を思い起こさせる（創一八：一～一九）。

三文字（トリグラム）　trigramme

①三つのラテン文字ＩＨＳからなる「三文字」は、ギリシア文字のＩＨΣ（イオタ、エータ、そしてシグマ）に由来するが、それはギリシア語でイエスを表わすΙΗΣΟΥΣの最初の二文字と最後の一文字を取ったものである。ギリシア語のシグマは西方ラテンの伝統ではＳとなり、Iesus Hominum Salvator（イエス、人間の救い主）の略語と解されるようになった。→**アルファにしてオメガ、キリストの銘、罪状書き、魚、四文字**　②シエナのベルナルディーノは、十字架が冠され、太陽に囲まれたＩＨＳの「三文字」を標章とする。十字架のついた「三文字」は、イエズス会の紋章である。

三葉形　trilobe

ゴシック時代に流行った建築モチーフである三葉形は、三の数字の象徴性を担う。→**クローバー、三**

塩　sel

①水から作られ、しかも火に属する塩は、両義的なシンボルである。塩はまず、不毛を意味する。塩は土地を不毛にするし、塩の混じった水は渇きを癒さない。そうした意味で、塩は神の呪いを表わす（詩一〇七：三三〜三四、エレ一七：六）。ソドムとゴモラの町が神の怒りによって破壊されたあと、ロトの妻は、神の命に逆らって、後ろを振り向いたために、塩の柱になった（創一九：二六）。②塩は、肉などの食料を腐らせずに保存するのに役立つことから、不壊不変のシンボルとなる。塩は神との契約のしるしであり、神との契約は「塩の契約」とも言われる（民一八：一九、代下一三：五）。あらゆる奉献、あらゆる供儀に、塩は付き物である（レビ二：一三）。③塩は味を引き立て、風味を出す。塩なしでは、どんな食べ物も味気なくまずい。キリストは、弟子たちに「あなたがたは地の塩である」と言い、世を腐敗から守りつつ、世に真の意義を与えるようにと彼らを促す（マタ五：一三、マコ九：四九〜五〇、

ルカ一四〜三四)。↓パン種、光 ④第二ヴァチカン公会議以前、洗礼の儀式で、司祭は子供の舌に少量の塩を載せ、次のように言った――「知恵の塩を受けなさい。この塩が、永遠の命のために、あなたを清めますように」。水や火と同じく、塩もまた清めの働きをする。

鹿 cerf ↓雄鹿

四角 carré ↓正方形

敷石 pavement

キリスト教図像では、敷石は《キリストの受難》、とくに総督官邸の外にある「敷石」(ヘブライ語で「ガバタ」)と呼ばれる場所でピラトと対面する場面と結びつく(ヨハ一九:一三)。そこでイエスはユダヤ人たちに引き渡され、十字架にかけられたのである。↓階段

司教杖 crosse ↓笏杖

茂み buisson

①ヤハウェによって一匹の雄羊が茂みのなかに囚われていたが、その雄羊はイサクの身代りの生け贄として祭壇に捧げられる(創二二:一三)。その雄羊はアブラハムへの神の恵みのしるしであった。②モーセは、燃える茂みのなかに神が現われるのを見た――「茂みは燃え上がっているのに、燃え尽きない」(出三:二)。「燃える茂み」〔新共同訳では「茂み」ではなく「柴」〕は、神の現存のシンボルである。それは受肉の先触れとしての神の顕現を表わす。③伝承では、聖処女マリアは、彼女を神の現存の容器たらしめた燃えるような愛ゆえに、「燃える茂み」と褒め称えられる。

四肢 membre

教会はキリストの生ける体であり、その四肢は、複数でありながら、教会の統一原理であるキリスト

の名において、ひとつである（ロマ一一：四～五、Ⅰコリ一二：一二）。→ぶどうの枝

獅子（ライオン）　lion

①力のシンボルである獅子は、君主を表わす（正しい君主の場合もあれば、暴君の場合もある）。イスラエルの一二部族のなかで最も強いユダ族の紋章は獅子である（創四九：九）。キリスト自身もまた「ユダ族から出た獅子」と呼ばれる（黙五：五）。しかし、獅子は残忍な力を表わすこともある（詩七：二～三、一〇：九、エレ五：六）。②翼の生えた獅子は、福音書記者マルコの標章である。それは「マルコによる福音書」が「イザヤ書」の引用（イザ四〇：三）――「荒れ野で叫ぶ者の声がする」――から始まっているからである（マコ一：三）。→四つの形　③図像では、聖ヒエロニムスはしばしばライオンを連れているところを描かれるが、それは、彼がライオンの肢に刺さった棘を抜いてやって以来、ライオンが彼を慕って離れなくなったという話にちなんでいる。

羊歯　fougère

羊歯の新芽の先は、ゼンマイ状に巻いていることから、羊飼いの杖を、それゆえまた司教の持つ笏杖を、連想させる。→笏杖

七　sept

①聖書では、七は完全なる数である。ヘブライ語の chéba は、「七」の意味とともに、「契約」の意味を持つ。そのため、旧約聖書では、七は聖なる数である。神の世界創造は――むろん、創造主の休息の日も入れて――七日にわたって続けられた。モーセに伝えられた契約の掟のなかにも、七の数は頻繁に出てくる。たとえば、燭台の主柱と支柱は合わせて七本でなければならないし（出二五：三一～三二、三七：一七～二四）、週の七日目の安息日、また七年目の安息の年は必ず守らねばならない（出二三：一〇～一三）。

これにヨベルの年〔エジプト脱出後カナンの地に入ってから五〇年ごとの聖なる年〕が加わる――「あなたは安息の年を七回、すなわち七年を七度数えなさい」（レビ二五：八）。聖書の話にも、契約を新たに結ぶごとに、七の数は繰り返し出てくる。ヨシュアがエリコの町の城壁を倒すことに成功したのも、七日目に七人の司祭が、契約の箱を担ぎ、七つの角笛を吹き鳴らしながら、町を七周してからのことであった（ヨシ六：一～一六）。②新しい契約を告げるイエスの宣教でも、七は特別な数であり続ける。偽善的な律法学者やファリサイ派の人びとに、キリストは七つの呪いを浴びせる（マタ二三：一三～二一）。「目には目を、歯には歯を」の同等の刑に対して、イエスは、自分に対して罪を犯した者を、ただひたすら許すべきであるとする。ペトロが「（許すのは）七回までですか？」と尋ねると、キリストは、七の象徴的モチーフを再び取り上げ、「七回どころか、七七回〔新共同訳では「七の七〇倍」〕まで許しなさい」と答える（マタ一八：二一～二二）。このように、律法と預言者たちの場合と同様、福音書でも、七は完全なる数である。③「黙示録」では、七の数はさらに頻繁に用いられる。そもそも、黙示録のヴィジョンはアジア州にある七つの教会に明かされるべきものである（黙一）。子羊は七つの角と七つの目を持つが、この七つの目は神の七つの霊である（黙五：六）。子羊は七つの封印を開く（黙六）。七人の天使たちが七つのラッパを吹く（黙八：六）、等々。→ラッパ　④七の数の完全性は、キリスト教の伝統にも忠実に受け継がれている。事実、以下はすべて七の数になっている――七つの徳（三つの対神徳と四つの枢要徳）と七つの大罪、七羽の鳩によって表わされる聖霊の恵み、主の祈りの七つの願い、カトリック教会の七つの秘跡、正教会によって公認されている七回の公会議。→白鳩④

しっぽ　queue

動物性を特徴づけるしっぽは、悪魔のしるしともなる。全身が一本の長いしっぽにほかならない蛇は、

悪魔が最初に現われたときの姿である。→キマイラ、角、バジリスク、竜

熾天使　séraphin　→セラフィム

死人の頭　tête de mort　→されこうべ

衣魚《しみ》　mite

蛆虫や錆《さび》と同様、衣魚〔新共同訳では「虫が食ったり、さび付いたりする」となっており、「衣魚」という語は使われていない〕もまた、物質的富が陥りがちな腐敗堕落を表わす。朽ちることのない真の宝が、それに対比される（マタ六：一九〜二一、ルカ一二：三三〜三四）。→蛆、錆《さび》

笏　sceptre

腕と手の延長にほかならない笏は、権力や権能——たいていは王のそれ——のシンボルである。福音書では、笏といえば、受難の際にピラトがイエスに与えたそれを指す（マタ二七：二九）。それはただの葦の棒であり、人間の目には嘲りのシンボルでしかないが、ほんとうは栄光のシンボルなのである。キリストの国はこの世に属さない（ヨハ一八：三六）。→棒、ラバロム

笏杖　crosse

司教が持つ笏杖は、大きな杖である。羊飼いの杖を思わせるこの杖は、司牧職の象徴である。先端は鉤状ないしは渦巻き状になっているが、その形はこの世と戦う天の力を表わす。→杖

斜視　strabisme　→やぶにらみ

車輪　roue

①円盤に輪を嵌めた車輪は、単なる幾何学図形以上の意味と役割を持つ。軸の周りを回転することから、さまざまな道具に用いられるが、この回転する動きが、シンボルとしての車輪をも特徴づけてい

る。車輪は時間を表わすが、それは、季節が規則的に巡ってくることから、古来、時間は円環をなすと考えられてきたためである。しかし、キリスト教は、こうした円環的な時間概念に、歴史の発展性という考えを付け加えた。すなわち、時の始まりから、神の子キリストの到来を経て、時の終わりに至るという救済史の考えである。②エゼキエルが見た幻には、四つの翼のある生き物——それは「四つの形」の最初の形象化とされている——が現われるが、これらの生き物の傍らには四つの車輪があり、互いに重なり合いつつ、四つの方向に進むのだった。これらの車輪は、四つの生き物（それはのちに「黙示録」にも登場する）とともに、ヤハウェの栄光を支える（エゼ一、黙四：七～八）。→**王座、戦車**
③ルネサンスのユマニスト（人文主義者）たちは、古代の伝統に倣い、運命を目隠しされて大きな車輪の上に乗った女の姿で表わした。この車輪には四人の男が縛り付けられている。てっぺんにいる男は幸福を得ている。二番目の男は下降中で、いまにも絶望に落ち込もうとしている。三番目の男は一番下にいて不幸を味わっている。四番目の男は上昇中で、運が開けつつあるのを見て喜んでいる。以上の寓意像は運命の世俗的観念を表わしているが、それに従えば、運命は盲目であり、偶然のめぐり合わせでしかない。キリスト教は、こうした運命の異教的解釈を修正し、人間の幸不幸は人間的理解を超えた神の摂理の結果であるとする。④アレクサンドリアのカタリナは、刀のついた車輪、しかも壊された車輪を標章とする。その熱心なキリスト教布教活動ゆえに、彼女は、マクシミアヌス帝の命によって拷問を受け、釘のついた車輪に縛りつけられたが、神の雷が下ってその拷問具は破壊された。そのため、この聖女は斬首された。

一〇　dix

①人間が計算するのに使う指の数である一〇は、当然ながら、十進法の算術的基盤となった。九つの

数のあと、一サイクルが完了し、端数が消えることから、一〇は全体性、統一性を意味する。七とともに、一〇は完全数である。ヘブライの民を隷属から解放するよう、ファラオを威嚇するために、エジプトに一〇の災いを送り込んだのち（出七：一二）、ヤハウェは、シナイ山の頂きで、モーセに一〇の訓戒、すなわち十戒を与えた（出二〇：一～一七）。→山 ②キリストのたとえ話にも、一〇の数は何度か出てくる。「一〇人の乙女」のたとえもその一例であるが（マタ二五：一～一三、ルカ一二：三五～三八）、このたとえ話は、一〇が五の倍数であることに改めて気づかせてくれる。これら一〇人の乙女たちのなかで、五人は愚かで、五人は賢かった。

一一 onze

一〇より一つ多い一一は、過剰を表わす数字である。十戒の充溢と完全性にもうひとつのものを加えることは罪であり、律法を踏みはずすことである。一一は、一〇あるいは一二によって表わされる調和と論理を乱す個人的逸脱である。ユダの裏切りと死によって、使徒の数が一一になってしまったとき、彼らはマティアを選んで自分たちに加え、ふたたび十二使徒となった（使一：一五～二六）。

一三 treize

伝承では、食卓に一三人いると、不幸が訪れるとされる。それは、キリストが十二使徒とともに最後にした食事のことがおのずから連想されるためである。この最後の晩餐で、キリストは自分が裏切られて引き渡されると告げたのだ。同様に、十三日の金曜日も不幸をもたらすとされるが、それは、イエスが死んだのが、一三人で会食したあとの金曜日であったからである。やはり民間伝承であるが、吉と凶は容易に逆転することから、一三は、不幸ばかりではなく、幸をもたらすこともあるとされる。

十字架　croix

①キリスト教徒にとって、十字架はシンボルである以前に、きわめて具体的な現実である。つまり、それは拷問の道具であり、とりわけ受難の道具のなかでも最も重要なもの、その上でキリストが苦しみ、死んだ磔柱である。しかし、そうした具体的現実を超えて、十字架はまさしくシンボルである。実際、ゴルゴタの丘の上で死んだキリストの犠牲を存立根拠とするキリスト教にとって、それは最高のシンボルなのだ。②直角に交差するふたつの柱からなる十字架は、天と地を結ぶ垂直軸を形成すると同時に、世界の表面上に延びる水平線を描く。十字架は、宇宙をその四つの腕で支えることによって、救いをもたらす。十字架は新しい命の木である。最初の人間たちは、神に背いたために、エデンの園から追われたが、伝承によれば、この新しい命の木もまた、エデンの園にあった最初の命の木の種から生え育ったものとされる。新しい契約を結ぶ十字架という木は、永遠の命という果実をもたらす。→木　③さまざまなタイプの十字架がある。（a）タウ型十字：「聖アントニウスの十字架」とも呼ばれ、T（ギリシア文字のタウ）の形をしているが、かつてモーセが、ヘブライの民を救うために、青銅の蛇をそのうえに置いた止まり木をかたどったものである（民二一：四～九、ヨハ三：一四～一五）。→タウ　（b）ラテン十字：横木よりも軸木のほうが長く、十字架にかかったキリストの姿をかたどっている。（c）ギリシア十字：より抽象的で、四つの腕が同じ長さであり、円ないし正方形にすっぽり収まる。（d）アンドレア十字：Xの形をした十字架で、聖アンデレがこの形の十字架にかかって殉教したため、彼の名前が付いている。（e）ペテロの十字：ラテン十字を上下さかさまにしたもので、主と同じ形で殉教するのは畏れ多いとする使徒の遺志による。（f）ロ－レーヌの十字：横木が二本あるが、上の小さい横木は、ピラトが十字架の上につけた罪状書きをかたどっている（マタ二七：三七、マコ一五：二六、ヨハ一九：一九

〜一二)。(g) 東方またはロシア十字:ローレーヌの十字の二つの横木に加えて、その下にもうひとつの小さな横木を斜めに付けたもので、この小さな横木は、キリストが死刑執行人たちに向かって毅然と立っていられるようにと取り付けた足台とされる。(h) フォーク型十字:ギリシア文字のϒ(ウプシロン)の形をしており、木をかたどっている。(i) マルタ十字:マルタ騎士団の紋章で、ギリシア十字と同じく、四つの腕が同じ長さだが、それぞれの腕が左右ふたつに分かれて延び、先端で二点となっているため、八点十字とも呼ばれる。(j) 撞木型十字ないしボーイスカウト型十字(フランスのボーイスカウトにはカトリック系の団体が多く、その紋章としてこの形の十字が用いられる):ギリシア十字と同じく、四つの腕が同じ長さだが、それぞれの腕がタウ型になっている。(k) エルサレム十字:ギリシア十字と同型だが、それぞれの腕と腕のあいだに四つの小さなギリシア十字が入っており、全体で正方形をなす。(l) 教皇十字:横木が三本ある(族長十字は二本)。(m) ケルト十字:ギリシア十字と同型だが、全体で円形をなす。(n) ユグノーないしはプロテスタント十字:マルタ十字と似ているが、腕の先の八点は真珠で飾られ、さらにその八点は王冠で結ばれている。聖霊を表わす鳩が下の部分に止まっている。④十字架のシンボルを他のシンボルで代用することもある。たとえば、錨、轅、ぶどう搾り器の横棒、木、帆柱、梯子、円柱、等。十字架はまた、キリストの銘と一体化されることもある。あるいは、AとΩ(「アルファにしてオメガ」)の文字、またはキリストの頭文字IXないしはXPで縁取られることもある。伝統図像では、十字架にペリカン、されこうべ、蛇、受難具などが添えられることもある。 →**キリストの銘**

一二 douze

①一二は七に劣らず重要な数字である。いずれも、三と四からなる。つまり、七は三と四を足した数であり、一二は三と四を掛けた数である。一二は地上の現実であるが(四を含むがゆえに)、しかし絶

えず天上世界へと向かう（三を含むがゆえに）。それは一年の月の数であり、一日の昼ないし夜の時間数である。それはまた、神からイスラエルと呼ばれたヤコブの一二人の息子たちから出た部族の数である（創三五：二三～二六、四九：一～二八）。大祭司の衣裳の一部である胸当てには一二の宝石がちりばめられているが、イスラエルの一二の部族にちなんだもので（出三九：一〇～一四）、四つの列に宝石が三つずつ並んでいる。「黙示録」でも、天上のエルサレムの城壁は一二の宝石で飾られている（黙二一：一九～二〇）。②福音書では、一二は使徒の数であるが、この一二という数は、ユダの裏切りと死によって一人欠けたあとも、新たにマティアを選ぶことで保たれる（使一：一五～二六）。一二という理想的数字は、教会を予示している。一二は教会のシンボルである。↓二四

一四 quatorze

七の倍数である一四は、七の象徴性を引き継いでいる。「マタイによる福音書」の冒頭に繰り広げられる系図は、それぞれ一四の代の三つのグループからなる（マタ一：一～一七）。イエス・キリストは、このように、契約の七（倍数である一四の形において）と神の三位一体（子であるキリストはその第二位格である）の三の数のしるしのもとに到来したのである。↓三、七　聖金曜日のカトリック典礼では、十字架の道に一四の留〔キリストが十字架を負ってカルヴァリの丘に登った時に休んだ所〕が置かれる。

受難具 instruments de la passion

中世末の憐憫感情は、キリストの人間性と受難の現実性に、ますます大きな重要性を与えるようになり、それと平行して、受難にちなむ物品やシンボルも、増えるばかりだった。↓葦、茨、王冠、雄鶏、海綿、経帷子、釘、釘抜き、剣、さいころ、罪状書き、杯、十字架、チュニカ、槌、デナリオン、縄、布、梯子、柱、鞭、目隠しの布、槍

授乳　allaitement

①複数の子供に乳を与えている女性の姿は、三対神徳の一つである愛徳の表象である。②伝承によれば、クレルヴォーのベルナルドゥスは、「授乳の奇跡」で、聖母から乳を与えられた。→**胸**

棕櫚（なつめやし）　palmier

①古代世界では、棕櫚の枝は勝利のシンボルである。凱旋の際には、兵士たちが棕櫚の枝を旗のように打ち振る。競技場での試合のあと、勝利者には棕櫚の枝が授与される。棕櫚の枝はすぐれた業績を称え、記念する。②そうした伝統はキリスト教でも継承され、棕櫚の枝は死に対する勝利、復活、不死のシンボルとなった。棕櫚の木は、新しい命の木であるキリストの十字架を表わす。キリストがエルサレムに入城した際、道に敷きつめられた棕櫚〔新共同訳では「なつめやし」〕の枝は、彼の受難と死に対する勝利の前触れである（ヨハ一二：一三）。→**オリーブ、柘植《つげ》、若枝**　③棕櫚の木は、キリストの名において命を犠牲にした殉教者たちの標章である。④外典福音書によれば、エジプトへの避難の途次、休息をとった際、幼子イエスが命ずると、一本のなつめやしが身を傾け、たわわに稔ったその実で聖家族を養った。→**なつめやしの実**　⑤「連禱」では、聖母マリアの美しさを称えて、「棕櫚〔新共同訳では「なつめやし」〕のよう」と言う（雅七～八、シラ二四～一四）。聖書では、タマル（ヘブライ語で「棕櫚」の意）と名づけられた女性がしばしば登場するが、彼女たちは美のシンボルにほかならない（創三八：六、サム下一三：一、一四：二七）。

巡礼杖　bourdon

ローマやサンティアゴ・デ・コンポステラに赴く巡礼者たちが携える杖。フランス語ではbourdonと言い、その語源burdoは雄ラバを意味するが、それは旅の忠実な伴侶としてのこの杖の役割をよく表わしている。→**杖**

定規　équerre

①直角を描く道具である定規は、正方形をシンボルとするこの世の現実に結びつく。定規にはコンパスが対置されるが、それはコンパスが天上界のシンボルである円を描く道具だからである。→コンパス　②定規（かね尺）は大工であるヨセフの標章である。

娼婦　prostituée

①聖書では、偶像崇拝は妬み深い神ヤハウェを裏切る不貞行為（出二〇：五）、つまりは淫行とされる（出三四：一五、箴二：一六〜一七、ホセ一：二）。同様にまた、ソロモンが数多くの妃と側室を持ったことと、彼がヤハウェ以外の神々を崇めたこととのあいだには、密接な関係があるとされる（王上一一：一〜一三）。②「ルカによる福音書」にも娼婦が登場する。マグダラのマリアとされるこの娼婦が人を愛する心、悔い改める心を持っていたので、イエスは彼女に憐れみをかけ、許しを与えたが、それを見たファリサイ派の人びとはおおいに憤慨した（ルカ七：三六〜五〇）。→髪③、香油　③「黙示録」では、大淫婦の幻が現われる。彼女は紫と赤の衣を着て、金と宝石と真珠で身を飾り、淫行のいまわしい穢れに満ちた杯を手に持っていた。地上の王たちはこの女と交わり、地上に住む人びとはこの女の淫行の酒に酔ってしまった（黙一七：三〜一八）。「黙示録」の記者ヨハネにとって、バビロンの大淫婦とはローマのシンボルであり、彼女がまたがる獣の七つの頭は、新しいバビロンであるローマ帝国の首都の七つの丘を暗示している。その後、ダンテから宗教改革の担い手たちに至るさまざまな教会糾弾者たちにとっても、聖職（聖物）売買の罪を犯した教皇が居座るローマは娼婦にほかならなかった。

鐘楼　clocher

てっぺんに十字架あるいは風見の鶏が立つ鐘楼は、教会の旗であり、声である。空に向かって聳える鐘楼はまた、神に向かう精神の高まりのしるしである。

書見台　lutrin　→見台

食（日食、月食）　éclipse

太陽（あるいは月）が突然見えなくなる現象である食は、古来、災いや凶事のしるしとされてきた。光が人間から奪われたのは、神がその恩恵を人間に与え続けるのをやめる合図にほかならないと考えられた。イエスが死んだとき、全地が暗くなり、それは三時間にわたって続いた（マタ二七：四五、マコ一五：三三、ルカ二三：四四）。世の光であるキリストが消えると、この世は闇になったが、やがて彼は復活祭の光のなかに蘇る。**→闇、夜**

食事　repas

①救済史の全編を通して、数多くの食事が記録されている。マムレの樫の木のもとで、アブラハムは三人の人（実は天使）をもてなす（創一八：一～一五）。**→樫**　ヘブライの民は、旅立つ支度をし、立ったままで、過越の子羊を食べる（出一二：八～一一）。荒れ野に天からマナが降る（出一六）。**→マナ**　カナの婚礼（ヨハ二：一～一二）。パンが一〇〇〇倍にも増える（マタ一四：一三～二一、マコ六：三二～四四、ルカ九：一〇～一七、ヨハ六：一～一五）。**→パン**　ベタニアのシモンの家での食事（マタ二六：六～一三、マコ一四：三～九）。最後の晩餐（マタ二六：一七～二九、マコ一四：一二～二五、ルカ二二：七～二三、ヨハ一三：一～三〇）。そしてエマオでの巡礼者たち（ふたりの弟子たちとイエス）の食事（ルカ二四：二八～三二）。これらすべての食事に共通しているのは、交わりの印象である。それは、会食者同士の水平的交わりであると同時に、神との垂直的交わりでもある。こうした親愛の情に満ちた食事の場には、いつも聖霊の風が吹き通うからである。②福音書では、父の家に戻り、永遠の命を受けることを、婚宴の席につ

くことになぞらえている（マタ八：一一～一三、二二：一～一四、二五：一〇、ルカ一四：一六～二四）。招かれる者は多いが、選ばれる者は少ない。

食人獣　androphage

①中世の彫像では、食人、つまりは「人間を食べる」動物ないしは怪物がしばしば見られるが、それらは悪の力を表わしている。人間はそうした悪の力に支配されており、神の助けなしには、その犠牲になることをまぬがれない（詩一〇：九、一七：一二）。→狼、熊、獅子　②人間を呑みこむ魚は、ヨナの話に出てくる（ヨナ二：一～一一）。→魚①

食卓　table

食卓は、聖書、なかんずく福音書に描かれている、あらゆる食事の場面に関わるが、それらの食事はすべて、食事のなかの食事とも言うべき最後の晩餐を予示し、また記念する。最後の晩餐でイエスが聖体のぶどう酒とパンを置いた食卓は、こんにち、カトリック教会では祭壇となり、またプロテスタント教会では聖体拝領台となっている。

しるし　sceau　→印

白　blanc

①黒とは逆に、白は色の不在ないしはあらゆる色の綜合とされる。それゆえ、白は神の秘義――不在にして遍在――を表わす。復活祭の朝、空になった墓のそばで、ふたりのマリア（聖母マリアとマグダラのマリア）の前に現われた天使の「姿は稲妻のように輝き、衣は雪のように白かった」（マタ二八：三）。《キリストの変容》において、ペトロ、ヤコブ、ヨハネの目の前で、イエスが神としての姿を現わしたとき、「服は真っ白に輝き、この世のどんなさらし職人の腕も及ばぬほど白くなった」（マコ九：三）。

キリストの経帷子の白さは、復活のしるしであり、また死の闇を打ち破る輝かしい勝利のしるしである。→**経帷子**　②白は聖母マリアを象徴する色である。純白の百合はマリアのけがれなき処女性を表わす。→**百合**　③白は、三対神徳のひとつ、信徳のシンボルである。→**赤**①、**緑**②

白鳩　colombe
①優雅で美しい白鳩は、その白さゆえに、けがれなさと貞潔のシンボルとなる（マタ一〇：一六）。→**白**
②白鳩は、いつもくうくうと愛を囁き合い、くちばしでつつき合う普通の鳩といっしょくたにされて、淫欲のシンボルともなる。このように白鳩は、色欲と貞潔とを同時に表わす両義的なシンボルである（雅一：一五）。→**鳩**　③聖書では、白鳩は、伝書鳩と同じく、言伝の使者として登場することが多い。ノアは、白鳩がオリーブの枝をくちばしにくわえて箱舟に戻ってきたことで、ようやく大洪水が終わろうとしていることを知る。白鳩がくわえていたオリーブの枝は、平和のしるしであり、またヤハウェとのあいだに新たに結び直された契約のしるしなのだ（創八：八〜一二）。→**オリーブ**、**若枝**　④キリスト教のシンボル体系では、白鳩は三位一体の神の第三位格である聖霊を表わす。《キリストの洗礼》では、白鳩が天から降ってきたが、それはキリストが神の子であることを示すためである（ルカ三：二二）。伝統図像では、《受胎告知》や《聖霊降臨》の場面にも白鳩が描かれるが、その白鳩は聖霊の働きを表わす。七羽の白鳩は聖霊の七つの賜物に対応している（知恵、聡明、賢慮、剛毅、知識、慈愛、畏敬）。→**王座**、**三**、**七**　⑤異教の伝統に従って、不死の生命の原理である魂を白鳩で表わすこともある。死にかけた人の口から飛び立つ白鳩は、まさに「魂を返す」その瞬間を示している。ひとつの杯から水を飲んでいるつがいの白鳩は、記憶の泉で渇きを癒す魂たちを表わすが、キリスト教の文脈では、さらに聖体の秘跡のシンボルがそれに重なる。⑥白鳩は何人かの聖人たちにも結びつく。聖母マリアの夫ヨ

セフは花咲く枝を持つが、その枝の上に白鳩が止まっている。アッシジの聖フランチェスコは白鳩たちの友であり、鳩たちは喜んで彼の肩の上に止まる。聖人たちの耳に白鳩が語りかけるところが描かれるのは、彼らが聖霊の啓示を受けたことを表わしている。大グレゴリウス、シエナのベルナルディーノ、ヨアンネス・クリソストムス、アヴィラの聖テレサ、あるいはトマス・アクィナス。

深淵　abîme

底なしの穴である深淵は、天地創造以前の闇の混沌を思い起こさせるとともに（創一：二）、終末において悪魔の手下たちが投げ込まれるはずの地獄の谷底を暗示する（黙二〇：三）。深淵はまた、地を包む衣でもある（詩一〇四：六）。→闇

深紅　écarlate

昆虫（えんじ虫）から採る深紅は、緋色と同様、高位や王権のしるしである。

真珠　perle

①海で生まれ、貝から採れる真珠は、処女にして母である女性のしるし、神の母マリアの標章である。②真珠は、完全な球形をし、透明で柔らかい虹色に輝くことから、神のシンボルとされる。また、ごつごつした貝のなかにしばらく留まったのちに、大洋の深い底から明るい光のもとに引き上げられることから、受肉し、死に、死者たちのなかから復活したキリストの表徴にもなる。③イエスの言葉では、真珠は聖なるものを表わし、それゆえに、そまつに扱うことは許されない（マタ七：六）。真珠は天の国を象徴する（マタ一三：四五〜四六）。

心臓　cœur　→心

神殿　temple

①「イスラエルの子たち」にとって、またヤハウェの教えからしても、神殿は神と人間の出会いの場である。神殿は神が滞在する場であるが、だからといって、そこに絶対他者である神を閉じ込めておくようなことはできない。遍在する神は、当然のことながら、よそにもいる。近隣のあらゆる民の慣習に反して、神殿にはいかなる像も置かない。それは神自身の命令である（出二〇：四）。至聖所は契約の箱を安置するが、この箱には十戒を刻んだ二枚の石板が納められている。この契約の箱は、ヤハウェが座るべき王座ともなれば（サム上四：四）、ケルビムにつながれてヤハウェが乗るべき戦車ともなる（サム下二二：一一）。ヤハウェは神殿には収まらない。ただ神殿に顕現することだけを請われる。→箱　②キリストの到来によって、古い神殿は新しい神殿に取って代わられた。律法の時代は終わったのだ。キリストの体そのものが、新たなる神宿る場、生きた水が流れ出す霊的な神殿（ヨハ七：三八）、その死によって創始され、復活によって聖別されたメシア的聖域となった。イエスが十字架上で死んだとき、神殿の垂れ幕が上から下まで真っ二つに裂けたが（マタ二七：五一）、それは、このときからキリストの体こそが真の神殿になったことを示している。→幕　③すべての人間の体は魂の神殿であるがゆえに神聖である。④「聖母の連禱」では、マリアは「人類救済の神殿」と称えられるが、実際、カトリックの教義では、マリアはキリストとともに人類の罪を贖った「共同贖い主」なのである。

人頭獣身　androcéphale

人頭獣身者とは、動物的部分（体）と人間的部分（頭）からなる生き物である。その混合性、二重性は、本能に引きずられながらも理性によって高められ、悪徳の誘惑に駆られながらも美徳を求める存在、要するに天使と悪魔の中間的存在としての人間の分裂した性格を表わしている。→ケンタウロス、

スフィンクス、セイレーン

身廊　nef

nefとは、中世以前は船を意味していた。それゆえ、こんにちではもっぱら建築用語として用いられ、教会のシンボルとすらなっているとしても、もともとの意味を完全に失ったわけではない。身廊をひっくり返せば船となり、そしてこの教会という船は、人生の嵐のなかを、信者たちを救いの港まで無事に運ぶのである。→船

酢　vinaigre

息絶える少し前、イエスは「渇く」と言った。そこで、憐れみからか、あるいは嘲りからか、人びとは、葦の棒あるいはヒソプの枝の先に酢を含ませた海綿をつけて、彼の口もとに差し出した（マタ二七：四八、マコ一五：三六、ルカ二三：三六、ヨハ一九：二八〜三〇）。→葦、海綿、ヒソプ

水仙　narcisse

「雅歌」の乙女は言う――「わたしはシャロンの水仙（新共同訳では「ばら」）、谷間の百合」（雅二：一）。キリスト教では、古来、百合とともに、水仙を春と新しい命のシンボルとしてきたが、そこには清浄という意味合いも込められている。

鋤　bêche　→畝、耕作、鍬

鈴　clochette

らい患者と隠修道士の持つ鈴は、道を歩く際、通行人たちに遠ざかるようにという合図の役目をする。らい患者がそうするのは義務であるが、隠修道士は召命によってそうする。鈴は追放と孤独のしるしである。鈴は最も名高い隠修道士である聖アントニウスの標章である。

砂　sable

「ふたつの家」のたとえ話で（マタ七：二四〜二七、ルカ六：四八〜四九）、砂と岩が対比される。自分の家を建てるのにも、賢い人と愚かな人がいる。ふたりとも神の言葉を聞いたのだが、ひとりは砂の上に家を建て、ひとりは岩の上に家を建てた。後者だけが、神の言葉を実行したのである。

砂時計　sablier　→水時計

スフィンクス　sphinx

①翼が生え、人間の頭と胸をしたライオンであるスフィンクスは、エジプトおよびギリシアの伝統では、聖域の守護者である。ヘブライの伝統でいえば、ケルビムに相当する。②悪徳と美徳を対比する寓意体系において、女の顔と裸の胸を持つスフィンクスは邪淫を表わす。**→ケルビム、人頭獣身**

菫《すみれ》　violette

目立たず、つつましやかな花である菫は、従順を意味する。喪の色をした菫は、受難におけるキリストの従順を思わせる。

性器　sexe

①幼子イエスを描いた絵で、性器がはっきり見えるのは、神の子が人間のうちに完全に受肉したことを示している。②洗礼や磔刑の場面で、成人に達したイエスの性器が描かれている場合も同じ理由によるが、やがて、畏敬の念と羞恥心が勝り、性器が隠されるようになる。洗礼の場面では、ヨルダン川の水がイエスの下半身を隠し、磔刑の場面では、図像の伝統に従って、イエスの腰に、布切れ、腰巻き、あるいは長いチュニカが巻かれる。

聖体のパン　hostie　→ホスチア

青銅 airain

錫、銀、銅を混合して造る青銅は、高貴で、響きがよく、しかも耐久性のある金属であるために、聖具の素材としてよく用いられる。モーセは、荒れ野の炎の蛇を退治するために、ヤハウェの忠告に従って、青銅の蛇を造った。炎の蛇に嚙まれても、この青銅の蛇を一目見るだけで、死なずに済んだのである（民二一：六～九）。キリスト教では、この青銅の蛇（毒蛇に効果がある）は、十字架にかかることによって悪に打ち勝つキリストの予示とされる。→**蛇**

聖杯（カリス） calice

①ミサ（聖餐式）において、ぶどう酒を入れる容器であるカリスは、秘義により、この世の救済のために流されたキリストの血が入っているとされる（マタ二六：二六～二九、マコ一四：二二～二五、ルカ二二：一五～二〇、Ⅰコリ一一：二三～二五）。→**ぶどう酒**　②ホスチアのひとつであるぶどう酒が注がれ、まばゆいばかりにきらめくカリスは、聖体の秘跡の表徴、より一般的には神の子キリストの受肉と人類を贖う受難の象徴である。→**パン、パテナ、ホスチア**

聖杯（グラール） graal

グラールはもともと、キリスト教以前のケルトの伝統において、王権を表わす聖なる器であった。中世文学では、とりわけクレチアン・ド・トロワによって、グラールは円卓の騎士たちが追い求める宝物となった。キリスト教的解釈によれば、グラールはカリス、すなわちイエスが最後の晩餐で使い、その後さらに、百人隊長によって刺し貫かれた十字架上のキリストの脇腹から流れ出た血をアリマタヤのヨセフが受け止めるのに使った聖杯であるとされる。かくして、聖杯の探求は、聖体の犠牲を拝領し、その犠牲にみずからもあずかろうとする、霊的な行動なのである。→**聖杯（カリス）、血**

聖櫃 tabernacle
①ラテン語の tabernaculum は「幕屋」の意味である。タベルナクルムは、最初はテントの神殿の、ついで石の神殿の、至聖所のことで、そこには契約の箱と律法の石板が納められていた。②こんにちでは、聖櫃（タベルナクルム）には聖別されたホスチアの入った聖体器が納められている。キリストの体が、律法に取って代わり、律法を成就したのである。③伝承では、聖母マリアは「いと高き方の聖櫃」と呼ばれる。→**神殿、天蓋、箱**

正方形 carré
造られざるものである神性を表わす円とは逆に、正方形は被造世界を表わす。四大（空気、水、火、土）からなる四つの柱に支えられることによって、世界の方形は安定し、完全に計測可能である。地上の都の完成された形である天上の都も、やはり、地上の都同様に正方形をしている——「この都は四角い形で、長さと幅が同じであった」（黙二一：一六）。正方形は円のなかにすっぽり収まり、その円は世界の創造主である神のうちに収まる。正方形の対角線が描く十字は中心を定め、全体の構成を整える。正方形は感覚世界の形象であるが、その感覚世界のもうひとつの標章は四という数字である。→**球、点、四、立方体**

セイレーン sirène
古代から伝わる空想の生き物であるセイレーンは、顔と胸は人間の女で、その他の部分は鳥ないし魚である。セイレーンは巧みな誘惑者である。彼女の歌声には誰も抗えない。『オデュッセイア』には、主人公オデュッセウスが、セイレーンの魅惑に引き寄せられないよう、自分の体を船の帆柱に縛り付けねばならなかったというエピソードがあるが、このエピソードは、人間を死に至らしめるセイレーンの魔力の大きさを示している。キリスト教では、セイレーンはまず邪淫を象徴するが、より一般的には誘惑の象徴である。ただキリストの十字架（オデュッセウスのマストはその予示である）だけが、その悪の力から人間を救うことができる。中世の版画では、邪淫を象徴するのに、豊かな胸をして、魚のしっぽの両端を大きく開いたセイレーンを描いている。→人頭獣身

石板　table

「シナイ山でモーセと語り終えられたとき、ヤハウェは二枚の掟の板、すなわち、神の指で記された石の板をモーセにお授けになった」（出三一：一八）。この石の板を律法の石板と言う。カトリックの図像では、雲の上に座す永遠なる父を、てっぺんが丸くなった大理石の板をふたつ並べて持った姿で描く。

雪花石膏　albâtre

その白さと半透明性ゆえに、雪花石膏は、清浄と光の象徴となる。ベタニアで、ひとりの女（マグダラのマリアとされる）がキリストの足に高価な香油を注ぐために割ったのは、雪花石膏の瓶であった（ヨハ一二：三）。→香油、壺

セラフィム　séraphin

ディオニシオス・アレオパギタによると第一階級に属する天使であるセラフィムは、図像では六翼である。つまり、子供のようなその顔のまわりに六つの翼があるのだ。顔の上にふたつ、下にふたつ、そして両側にひとつずつ。その赤ら顔は、彼が愛に燃えていることを示している。実際、ヘブライ語でseraphとは「燃えるような」を意味する。→ケルビム

一〇〇〇　mille

①一〇〇〇という数は、空間的および時間的な無限を示すが、真の無限とくらべれば、無にすぎない。

「なぜなら、千年といえども、御目には、昨日がこんにちへと移る夜の一時にすぎません」(詩九〇：四)。②「黙示録」は、キリストが地上を統治し、サタンが牢獄に閉じ込められている時代が一〇〇〇年続くと予言している(黙二〇：一〜八)。この予言がさまざまな千年王国説の発端となっているが、事実、それらの説は皆、「黙示録」の文章のいくつかの解釈に基づいている。

戦車　char

戦車(それを牽く馬も含む)は力強く動くもののシンボルである。契約の箱とふたりのケルビムは、ヤハウェが栄光に包まれて座す戦車のごときものとなる(エゼ一、一〇)。**→ケルビム**　②戦車は、エジプト人とその君主ファラオのそれのように、地上の権勢が取るに足りないことを示すものでもある。「水は元に戻り、戦車と騎兵、彼らの後を追って海に入ったファラオの全軍を覆い、一人も残らなかった」(出一四：二八)。

象　éléphant

夫婦となった相手の雌に忠実である(妊娠が続く二年間)とされる禁欲的な象は、貞潔のシンボルである。白い象は、淫乱のシンボルである黒いイノシシと対比される。

像　statue　→立像

象牙　ivoire

色が白く、材質のきめが細かいことから、象牙は清浄と高価(物質的および精神的)のシンボルである(雅五：一四)。ソロモンの王座は象牙でできている(王上一〇：一八〜二〇)。「連禱」では、聖母マリアは「象牙の塔」と称えられる。**→王座①、塔**

双頭竜　amphisbène

二つの頭を持つ空想の蛇である双頭竜は、悪魔的な存在である。頭のひとつはしっぽの先についている。双頭竜は偽善、堕落を表わす。

双面　bicéphale

古代の神ヤヌスと同様、四枢要徳のひとつである賢明の寓意は、ふたつの顔を持つ女の姿で表わされる。賢明とは、過去の出来事の光で未来を予見することにあるからだ。賢明が三つの顔を持つこともある。その三つの顔は、それぞれ、過去、現在、未来に向いており、賢明はその三つの顔で三つの時を同時に眺める。→**鏡**

園　jardin

①地上の楽園とは、ひとつの園である。最初の人間たちは、この園のなかで、見るからに美しく、またおいしい果物がたわわに実る木々に囲まれ、庭師である神とともに、罪を知らずに暮らしていた（創二：八〜九）。このエデンの園には、命の木と善悪の知識の木があり、また冷たく澄んだ四つの川が流れていた（創二：一〇〜一七）。地上の楽園は天上のそれの予示である。→**泉**　②もともと「雅歌」で（雅四：一二〜一六、五：一）エロチックな暗喩として用いられていた「閉ざされた園」の主題は、のちに聖母マリアをめぐって、神秘的な解釈がなされるようになった。「連禱」では、マリアの徳をほめ称えて、彼女のことを「閉ざされた園」と言う。画家たちはこの標章にさまざまな象徴的要素を加えてきた。野生の自然から園を守る柵ないし石垣の内側には、百合、なでしこ、バラ、ざくろ、なつめやし、オレンジの木が生え、清水が湧き出る泉がある。③修道院の回廊には、泉があり、木が植えられ、花が咲いている。それは、この世におけるエデンの園の写しにほかならない。

空　ciel　→天

ソロモンのしるし　sceau de Salomon　→星④c

対称　symétrie

左右対称のふたつの手があるのに倣って、人間は、シンボルを表わすのに、同じ像をふたつ描いたり、鏡のようにひとつの軸の左右に同じ像を対置したりする。かくして、初期および中世キリスト教美術では、二羽の鳩あるいは孔雀が命の木や聖杯の左右に向かい合って描かれることが多い。この対称的表現は、一なる印象を保ちつつ、複数性を表現するためのきわめて抽象的な技法なのである。**↓孔雀**

松明　torche

松明も受難具のひとつである。イエスが逮捕されたのが夜だったからだ（ヨハ一八：三）。

ダイヤモンド　diamant

①宝石のなかの宝石であるダイヤモンドは、まばゆい光、絶対的な力、不死性、そして完全性を意味する。②これらの性質を豊かに備えることから、ダイヤモンドは神性を表わす。**↓アメジスト、エメラルド、サファイア、ルビー**

太陽　soleil

①神性の顕現、あるいは神性そのものとされる太陽は、あらゆる古代宗教において、きわめて重要な位置を占める。「創世記」では、創造の四日目に、太陽は、月や星などの他の天体とともに、天空に

置かれたとされる（創一：一四～一八）。聖書のテクストは、太陽を名指しすることは避け、昼を治める大きな天体と言う（月のほうは、夜を治める小さな天体と言われる）。とはいえ、聖書では、近隣諸国の民のように、太陽を神格化するようなことはない。実際、ヨセフは太陽と月と一一の星が自分にひれ伏している夢を見る（創三七：九）。しかしその一方で、ヤハウェは、エルサレムの上に輝く朝日にたとえられる（イザ六〇：一～三）。太陽は神の義のシンボルである（詩一九、知五：六、マラ三：二〇）。②神の義としての太陽とは、受肉した御言葉であるキリストにほかならない。キリストは、その恵みに満ちた光で照らすべく、この世に降ったのである（ルカ一：七八、ヨハ一：九）。③中世およびルネサンスの時代、《キリスト磔刑》には、十字架の両側に、太陽と月が描かれているが、このふたつの天体はしばしば擬人化され、太陽は男の顔をし、月は女の顔をしている。それは、キリストが死んだときに起きた日食を表わしているのかも知れないし（マタ二七：四五）、あるいはまた、「主の日」つまりは時の終わりにキリストが再来する日のことを示唆しているのかも知れない。太陽と月、このふたつの天体が象徴する昼と夜、光と闇は、キリストの死と復活を表わしているとも言えよう。月と太陽はまた、それぞれ、旧約聖書と新約聖書を表わしており、前者は後者の光によって理解すべきことが示唆されているのかも知れない。太陽と月の対は、伝統的に夫と妻を表わすことから、キリストと聖母マリアを表わしてもいるし、さらには、キリストのふたつの本性、つまり神性と人性を表わしているとも言えるだろう。これらふたつの本性は、キリストというひとつの人格のなかに（彼の死の瞬間さえ）等しく現存しているのだ。④伝統図像では、「黙示録」に出てくる女（黙一二：一）にちなんで、《無原罪の御宿り》を太陽の光に包まれた形で表わす。また「連禱」では、「雅歌」の詩句（雅六：一〇）にちなんで、マリアを「太陽のように光り輝く」と形容している。

タウ　tau

①ギリシア文字の「タウ」(T)は、キリストの十字架を思わせる。②それゆえ、アントニウスやアッシジのフランチェスコのような偉大な聖人たちは、「タウ」を特別のしるしとして選んだ。→**十字架**③

宝　trésor

宝は天の国を象徴する。天の国は無償で与えられるが、しかしそれは、他のすべてを犠牲にすることによって、獲得すべきものである(マタ一三:四四、一九:二一)。この天の宝とは逆に、地上の宝はすぐに朽ちてしまう(マタ六:一九～二一、ルカ一二:三三～三四)。

手綱　bride

くつわ、引き具とともに、手綱は、拘束を連想させることから、四枢要徳のひとつ、節制の標章となる。節制に努めるとは、自分の欲動や本能に手綱をかけることである。

楯　bouclier

①攻撃の武器である剣に対して、楯はどこまでも防御のための武器である(多くの伝承で、人を殺す魔力を持つ楯のことが語られているが)。「知恵の書」は正義の神について「ご自分の清さを堅固な楯とされる」(知五:一九)と言う。聖パウロはエフェソの信徒たちに次のように言う——「いつも信仰の楯を手にしていなさい。それによって、悪い者の放つ火の矢をことごとく消すことができるのです」(エフェ六:一六)。三対神徳のひとつである信徳の寓意像が楯を手にしているのは、そのためである。四枢要徳のひとつである剛毅、またクピドの矢から身を守るべき貞節の場合も同様である。②サタンに打ち勝つミカエル、竜を退治するゲオルギウスなど、戦う聖人は、槍、剣とともに、楯を備えている。

竪琴　lyre

①最も古い楽器のひとつである竪琴は、歌、踊り、そして詩の朗読の伴奏に用いるが、とりわけ神事にふさわしい楽器とされる。ヤハウェを称える賛歌にも竪琴は欠かせない（詩一四四：九、一五〇）。②「詩編」の一部を作ったとされるダビデは、手に竪琴を持った姿で描かれる。彼はサウルの憂愁を慰めるために竪琴を奏でた（サム上一六：一四～二三）。③竪琴の音色でイルカを自在に操ったアリオン、やはり竪琴を奏でて自然を魅了したオルフェウスのような古代神話の人物たちは、この世に救いと平和の歌をもたらすキリストの先触れとされる。④《キリストの昇天》、《聖母の戴冠》、その他の栄光の場面では、竪琴などの楽器を演奏する天使たちが描かれるのが通例である。⑤竪琴は音楽家の守護聖人である聖女カエキリアの標章である。

谷間　vallée

①谷間は、川が潤す肥沃な土地であるが、またひとが行き来する場所でもある。草木の生い茂る自然のなかを、川に沿って道が続いている。この道はヤハウェの通る道でもあるだろう（イザ四〇：三～五）。②「雅歌」の乙女は、「わたしはシャロンの水仙〔新共同訳では「ばら」〕、谷間の百合」と歌う（雅二：一）。谷間には、肥沃な土地があり、恵みの雨が降るので、豊かな収穫が約束される。緑と花にあふれた谷間は、メシアのしるしである。

種　grain

①種はいくつかのたとえ話に出てくる。「種を蒔く人」のたとえでは、種は神の言葉を表わす（マタ一三：一～九、マコ四：一～九、ルカ八：四～八）。毒麦に対して、よい種は御言葉を進んで受け入れる天の国の僕《しもべ》たちを表わす（マタ一三：二四～三〇）。刈り入れのとき、毒麦は焼かれ、よい種は父の倉に保

存される。②よい種は、福音に相当し、御言葉であるキリストを表わす。種蒔きは、命をもたらすキリストの死を表わす。「一粒の麦は、地に落ちて死ななければ、一粒のままである。だが、死ねば、多くの実を結ぶ」（ヨハ一二：二四）。→刈り入れ、小麦、種を蒔く人、毒麦

種なしパン　azyme

①過越祭を定めたとき、ヤハウェは、種なしパン、すなわち酵母を入れないパンを食べる儀式を厳格に行なうよう、モーセに命じた。日々大切に保存してきた酵母を入れないパンを食べることは、身を清め、過去の穢れを断ち切ることを意味する。②ミサ（聖体礼儀）において、カトリック教会では、ホスチアとして、種なしパンを用いるが、東方正教会では酵母入りのパンを用いる。→パン④、パン種、ホスチア

種を蒔く人　semeur

①「種を蒔く人」のたとえ（マタ一三：一〜九、マコ四：一〜九、ルカ八：四〜八）では、種を蒔くことが、神の言葉を広めることに相当する。この話では、御言葉にほかならないよい種がさまざまな土地に蒔かれ、うまく育つ場合もあれば、育たない場合もあることが示される。ここでは、種を蒔く人自身もまた、御言葉であるキリストを表わす。②もうひとつのたとえ、「毒麦」のそれ（マタ一三：二四〜三〇）では、あるひとがよい種を畑に蒔いたところに、別の男がやって来て、こっそり麦のなかに毒麦を蒔いてゆく。この場合の種を蒔く人は、敵であり、悪魔である。→小麦、種、毒麦

ターバン　turban

①近東諸国の人びとがかぶるターバンは、キリスト教の伝統では、異教であるイスラム教を象徴する。《聖アウグスティヌスの勝利》あるいは《聖トマス・アクィナスの勝利》では、ターバンをかぶったひとりの男がこれらの教会博士のいずれかの足元にひれ伏しているところが描かれているが、この男と

は異教の博士アヴェロエスである。ほどかれたターバンは異教に対する勝利を表わす。②旧約聖書の族長たちあるいは預言者たちは、ターバンをかぶった姿で描かれることもある。東方の三博士の場合も同様である。

舵柄《だへい》　timon

船の舵柄は、その形から、世の舵取りであるキリストの受難具としての十字架を表わす。

タベルナクルム　tabernacle　→聖櫃

卵　œuf

①命、誕生、さらには再生のシンボルである卵は、その整った形も愛される。聖母子像に描かれる駝鳥の卵は、けがれのない誕生の表徴である。駝鳥は地面を掘り、砂に卵を埋めて、ひとりでに孵化させるが、古代人はそれを受精せずに子が生まれることと解釈したのである。②復活祭の卵の伝承は、春の到来とともに産卵がまた始まることと関連している。雌鶏の巣のなかにふたたび卵が見られるようになるのは、長い冬のあと、ふたたび命が巡ってきたことのしるしとされたのである。キリストの復活の素朴な暗喩。→鐘

垂れ幕　rideau　→幕

ダンス　danse　→踊り

タンポポ　pissenlit

①苦い草であるタンポポは、過越の子羊の準備を連想させる（出一二：八）。②その苦さが精神的な悲嘆に重なることから、タンポポは磔刑図その他のキリストの受難にちなむ絵にしばしば描かれる。

血 sang

①血は命のシンボルである。生命の根源である血は、尊重され、大切に扱わねばならない。カインは人の血を流した最初の人間であり、そのため、神の呪いを受けた（創四：一一）。「人の血を流す者は、人によって自分の血を流される」（創九：六）。すべての生き物の血は神に属するものとされるが（レビ一：五）、それは、血のなかには魂が宿っていると考えられたからである。それゆえ、律法では、人間は動物の肉を食べることは許されるが、血を含んだままでは食べてはならないとされる（創九：四）。神にかたどって造られた人間の血が流された場合には、神によって、あるいは神が遣わした者によって、復讐される。②神に属する血は、生け贄として捧げられるとき、贖罪の役割を果たす。動物の血を流す生け贄の儀式は、命を生み出した神にその命を捧げることで、神の恵みを乞う行為である。モーセは、ヤハウェとの契約のしるしとして、神殿に捧げた生け贄の血の半分を民の上に振りかける（出二四：八）。③新しい契約における贖罪の生け贄はキリスト自身であり、その血はあらゆる人間の罪の贖いとして流された（マタ二六：二八、ヘブ九：一二〜二九）。十字架上での犠牲を記念するミサ（聖餐式）において、杯に入ったぶどう酒はイエスの血であり、救いを求める者は皆、この杯から飲むよう招かれている。**→杯、聖杯、ぶどう酒**　④十字架にかかったイエスの脇腹を槍で刺した無名の兵士（ヨハ一九：三四）は、伝承によれば、ロンギノスという名であり、しかもこの男がイエスの血を杯に受けたとされる。**→水、槍**　⑤聖人信仰では、血は殉教を意味する。その血は聖人たちが受けた死の傷口から流れ出たものである。ヴェローナのピエトロはその典型であり、このドミニコ会士は、カタリ派の人びとを改宗させようとして恨みを買い、剣の一撃で頭を割られた。⑥色のシンボル体系では、当然のことながら、血は赤で表わされるが、赤はまた、三対神徳のひとつである愛徳の色でもある。キリストの血は、人間

への愛ゆえに流された。→赤

地　terre →土

乳　lait

①生まれた子供が最初に口にする飲み物ないしは食べ物であり、他の食べ物の栄養素がすべて含まれているとされる乳は、当然のことながら、豊饒のシンボルである。ヤハウェはモーセに、エジプト人の手からヘブライの民を救い出し、カナンの国、乳と蜜の流れる土地へと彼らを導き上ることを約束した（出三：八）。②乳はまた、知識のシンボルである。授乳は、真の学識による精神的な成長をもたらす。わが子イエスに乳を与える聖母の姿は、神の養子となった信者たちに永遠の命という糧を与える教会を表わす。→ぶどう酒、マナ、水、胸

乳房　sein →胸

チュニカ　tunique →外套、さいころ

直角定規　équerre →定規

塵（埃）　poussière

①粉末状になった土である塵は、粘土とともに、神が人間を創造する際に用いた素材である（創二：七）。塵から生まれた人間は塵に帰る。それゆえ、塵は死のシンボルでもある（詩二二：一六）。ヘブライ人は、葬儀の際、頭に塵をかぶる（ヨシ七：六、哀二：一〇、エゼ二七：三〇）。この悔い改めの儀式を受け継いで、キリスト教では、四旬節の初日に、信者の額に灰を塗る。②塵はしかし、より肯定的な意味を持つこともあり、たとえば、子宝に恵まれることや子孫の繁栄を表わす（創二八：一四）。③足や履物についた塵（埃）を払うのは、人との縁を断ち切り、二度とその人の家には入らないこと、

あるいはもっと広い意味で過去と完全に決別することを意味する象徴的行為である（ルカ一〇：一一）。
→足②、灰、パン種

沈黙　silence

①沈黙とは、音の不在、とりわけ言葉の不在を意味する。存在それ自体である神は、ときどき、人間の言葉を聞くこと、あるいは人間に語ることを拒絶するらしい（詩六八：一八、一〇二：一～三）。神も沈黙することがあるのだ。②修道院の沈黙は、御言葉――存在を呼び出す不在――を喚起するひとつの方法である。ひっそりとした回廊で、沈黙した修道士は神の言葉に向かって魂を開く。

杖　bâton

①棒よりも太くて頑丈な杖は、そのままで使える原始的な武器であるが、また象徴的な武器でもあって、譲渡された上位の力、神から受け継いだ権力を表わす。モーセの兄弟であるアロンがファラオの前に杖を投げると、杖は蛇になった。→笏　エジプトの魔術師も同じことを行なったが、アロンの杖が彼らの杖を呑み込んでしまう（出七：八～一三）。この変幻合戦を通じて、ヤハウェの優位がはっきりした。②杖は羊飼いの持ち物である。良い羊飼いの持つ牧杖は、羊たちを導く（詩二三、イザ四〇：一一、エレ二三：一～三、エゼ三四、マタ一八：一二～一四、ルカ一五：四～七、ヨハ一〇：一～一六）。教会の羊である信者たちをあずかるのは司教の笏杖であり、巡礼者の旅を先導するのは巡礼杖である。→笏杖、巡礼杖

月　lune

①太陽と対比されることの多い月は、周期的に満ち欠けを繰り返すことから、女性のシンボルとされる。「連禱」では、聖母マリアは「月のように美しい」と言われるが、それは「雅歌」の若者の言葉に由来する（雅六：一〇）。「黙示録」の幻に、月に足を乗せた女が現われるが、この女は新しいエバ

であるとされる。反宗教改革の美術は、この女のイメージを基にして《無原罪の御宿り》を図像化したが、そこには必ず三日月が描かれる。②中世およびルネサンスの磔刑図では、十字架の左右に人間の顔をした太陽と月が描かれることがある。→**太陽②**

月 mois →**月暦**

柘植《つげ》 buis

古代より喪のシンボルとされる柘植は、その葉が冬のあいだも緑のままであることから、不死性を表わす。北方の国々では、枝の主日（復活祭の一週間前の日曜日）に、柘植の枝が祝福されるが、それはイエスがメシアとしてエルサレムに入城したことを記念するものである（マタ二一：一～一一、マコ一一：一～一一、ルカ一九：二八～三八、ヨハ一二：一二～一六）。家庭では、十字架像の上に柘植の枝をかけるのが慣わしである。→**オリーブ、棕櫚**

土（地） terre

①空気、水、火とともに四大のひとつである土は、原初の混沌のなかにもすでに存在していた。闇が深淵を覆っていたとき、地には何もなく空ろであった（創一：二）。やがて、土から人間が作られた。人間はその名のうちに、出自の記憶をとどめている（ラテン語で人間を表わすhomoという語はhumusすなわち土に由来する）。土から生まれた人間は、土を母と思う。ヨブは地にひれ伏して言う――「わたしは裸で母の胎を出た。裸でそこに帰ろう」（ヨブ一：二〇～二一）。灰の水曜日の儀式は、人間は塵であり、やがて塵に還ることを思い起こさせる。②空に対して、地は天へ上昇したいという人間の渇望の足かせになる。神が受肉してこの世に降ったのは、人間のこの待望を叶えるためであった。神の子は地に降り、自分が救った人類を引き連れて、ふたたび天に昇ってゆく。→**陶工、塵**

槌（金槌） marteau
正典聖書では「十字架にかける」という言葉によって示唆されているにすぎないとはいえ（マタ二七：三五、マコ一五：二四、ルカ二三：三三、ヨハ一九：一八）、槌は受難具のひとつとされる。

角 corne
①動物の角は、尖って硬く、攻撃にも防御にも役立つ。そのために、角は力を象徴する。旧約聖書では、角はヤハウェの力を表わすが、それはヤハウェの力が角のように頼り甲斐があるからである（詩一八：三、七五：五）。②神殿では、燔祭のための祭壇の四隅に角を備えるが（出二七：二）、これらの角は神の力を呼び起こす能力を持つとされる。大祭司はこれらの角の上に生け贄の血を塗る（出二九：一二）。③サムエルは油の入った角を取り出して、若きダビデに油を注いだが、このエピソードにも聖別の儀式的意味が込められている（サム上一六：一～一三）。④キリスト教の伝統図像では、シナイ山から下るモーセ（出三四：二九）は頭に角を生やした姿で描かれる。ヘブライ語 qaranは、文字通りの意味では「角を生やした」ということであるが、比喩的意味では「光輝く」ということである。ところが、「ウルガタ」（ラテン語聖書）の翻訳者である聖ヒエロニムスは、文字通りの意味しか知らなかったために、そのように訳してしまった。モーセを描いた絵や彫刻で、頭に角が生えているのはそのためである。⑤伝統図像では、動物の姿で描かれる場合であれ、人間の姿で描かれる場合であれ、悪魔はたいてい角を生やしている。その角は呪いを表わし、その意味で、悪魔はパンやサテュロスのような異教の神々にも似ている。実際、両者ともに、野卑であり、背徳的である。黙示録に出てくる二匹の「獣」のうち、最初のそれは一〇本の角と七つの頭を持っている（黙一三：一）。

角笛 cor →ラッパ

唾　salive, crachat

①唾の象徴的価値は二重である。唾はまず、恵みをもたらす超自然的な力を持つ。生まれつき目の見えない人を癒すのに、イエスは地面に唾をし、唾でこねた土をその人の目に塗り、きれいな水で洗うようにと言う（ヨハ九：六〜七）。土に混ぜた唾は、最初は汚すが、そのあとで清浄にする。**→盲目**　②その一方で、唾は、肉体的にも、精神的にも、人を汚す。ヨブは自分の顔に唾を吐きかける敵について語っているし（ヨブ三〇：一〇）、イエスもまた、ピラトの兵士たちに唾を吐きかけられた（マコ一五：一九）。

翼　aile

空を飛ぶ鳥に生えている翼は、多くの神話で、超自然的存在の標章となっている。キリスト教の伝統でも、天使は皆、翼を生やした若者の姿である。ナザレの町のマリアのもとに遣わされたときの天使ガブリエルについて、聖書では翼のことには一言も触れられていないが（ルカ一：二六〜三八）、メルクリウスのように翼を備え、しかもそれをまだ広げたままの姿で描かれる。**→グリフォン、ケルビム、セラフィム、天使、鷲**

ツバメ　hirondelle

①この渡り鳥が戻ってくる日は、象徴的に、三月二十五日と定められている。すなわち、受胎告知を祝う日である。《受胎告知》あるいは《聖母子》の図像にツバメが描かれるのは、神の子が受肉したしるしである。彼がこの世に来たのは、人類の春のためである。**→ゴシキヒワ、ロビン**　②ツバメの白と黒の羽の色は、ドミニコ会修道士の服を思わせる。**→犬②、ひばり**

壺　vase

①キリスト教象徴体系において、壺の持つ意味は、杯と同様、そこに入れられた貴重な中身――そ

れは神の賜物とされる——と密接に関わっている。荒れ野で拾い集めたマナ〈出一六：一一～三六、民一一：七～九〉、マグダラのマリアがイエスの足に塗った香油〈ヨハ一二：四～六〉、聖女たちがイエスの墓に持ってきた没薬〈マコ一六：一、ルカ二四：一〉、等々。**→香油、マナ、没薬** ②壺はまた、知性の座である心の隠喩となる。「愚か者の心〔新共同訳では「腹」〕は、壊れた壺のようなものだ。どんな知識もこぼれ出てしまう」〈シラ二一：一四〉。③聖母マリアの肉体的および霊的純潔を表わして、彼女を「けがれなき壺」と呼ぶことがある。それゆえ、《受胎告知》では、マリアのかたわらに、しばしばバラと百合を挿した壺が置かれる。④カリス、パテナ、そして聖体器は、聖体祭儀に用いられる聖なる壺である。**→聖杯、パテナ**

錘《つむ》　fuseau　→糸巻き

剣（つるぎ）　épée　→剣（けん）

つるはし　pioche　→鍬

手　main

①聖書では、手は神の全能性のシンボルである。ヤハウェは、その民に手を差し伸べることで、みずからの絶対的権威と思いやりを同時に示す。カルメル山上で、エリアは神の手が自分に触れたのを感じる〈王上一八：四六）。ヤハウェは、エレミアに語らせるまえに、彼に手を差し伸べ、彼の口に触れる（エレ一：九）。②新約聖書でも、神の現存を手によって示すことが多い〈ヨハ一〇：二九、使一一：二一、一三：一一〉。イエスは、死ぬ間際に、大声で言った——「父よ、わたしの霊を御手にゆだねます」〈ルカ二三：四六〉。③キリスト教図像では、開かれた両手、あるいは光の球から差し出され、祝福を与えている片手は、神の威力の表われである。アブラハムが息子イサクを屠ろうとした瞬間、手が現われ

て、刃物を振り上げた彼の腕を止める。《受胎告知》や《キリストの洗礼》では、聖霊の鳩が神の手（片手ないし両手）から出てくる。④受難具と同じ意味合いで、手が描かれることもある。礼金を受け取るユダの手（マタ二六：一五）、イエスを平手で打つ兵士たち（ヨハ一九：三）、鉢の水で手を洗うピラト（マタ二七：二四）。これらの穢れた手に、釘を打ち込まれたキリストの手が対比される。⑤最後の審判を行なうキリストは、右手（祝福の手）を選ばれた者たちのほうへ挙げ、左手（呪いの手）を排斥された不信者たちのほうへ下げる。→**腕、右と左** ⑥秘跡の儀式に際して、さらには典礼一般においても、手は重要な役割を果たす。たとえば、按手、祈禱、十字を切る、祝福を与える、などの場合。→**指**
東方正教会の典礼では、司式者は、崇敬の念から、聖書を素手では持たない。

手足 membre →**四肢**

剃髪 tonsure
宗門に入る際、修道士は剃髪する。それは髪によって象徴されるこの世の虚栄を捨て去ることを意味する。剃髪後に残された髪の冠は、後光をかたどり、成聖の誓願を表わす。→**髪、後光⑤**

テトラグラム tétragramme →**四文字**

テトラモルフ tétramorphe →**四つの形**

デナリオン denier
ローマの銀貨。ユダが裏切りの見返りに受け取り（マタ二六：一四）、その後、後悔して返した三〇デナリオン（あるいはシケル）は、「血の代価」である（マタ二七：三〜一〇）。→**硬貨**

天 ciel
①あらゆる文明で、天は神の住まうところとされた。神を隠喩でしか名指すことが許されない聖書の

伝統では、「天」は神の呼称のひとつである。「マカバイ記 二」には「ユダヤ人の宗教を守り抜くため雄雄しく戦った者たちに天から示された数々のしるし」と書かれている（Ⅱマカ二：二一）。②新約聖書、とくに「マタイによる福音書」にしばしば出てくる「天の国」という表現は（マタ三：二、四：一七……）、神の国を、人類救済の計画と結びつけながら、賛美するものである。「黙示録」にはっきり述べられているように、天は神と人間がひとつになる場なのである——「この天使が、霊に満たされたわたしを大きな高い山に連れて行き、聖なる都エルサレムが神のもとを離れて、天から降ってくるのを見せた」（黙二一：一〇）。

点　point

抽象的な幾何学概念である点は、物質的現実性を持たないことから、神の非物質性を連想させる。それに加えて、点は円や球の中心となりうることから、みずからのうちに円や球を包含しているとされる。点はまた、キリストの十字架の柱と横木の交差するところでもある。こうしたことから、点はそれだけで、神の秘義をめぐるひとつの象徴体系を構成する。

天蓋　dais

恒久的であれ、一時的であれ、祭壇、立像、あるいは聖体にかぶせる屋根である天蓋は、顕彰すべき、あるいは崇めるべき特別の対象の上にあって、象徴的な守護を表わす。聖櫃天蓋や祭壇天蓋もまた、聖なる空間を示し、象徴的な空を戴く特権的な小宇宙を画する役割を果たす。

天使　ange

福音書記者マタイは、翼のある人間によって表わされる（他の三人の記者は、それぞれ、雄牛、獅子、そして鷲によって表わされる）。そのために、マタイは天使とされることがある（黙四：七～九）。→**翼**

天体　astre　↓黄道帯、太陽、月、星

テント（幕屋）　tente

①遊牧民（ヘブライの民もかつてはそうであった）にとって、テントは家である。モーセが律法の石板を受け取ってからは、野営地で他とは異なるひとつのテントが張られるようになった。「臨在の幕屋」と呼ばれ、契約の箱を納める布の神殿である。↓**幕**　②神は旧約の預言者たちにもしばしば姿を現わしていたとはいえ、キリスト教徒にとって、キリストの到来こそ真の臨在であり、そして究極の臨在とは終末にキリストが再来することである。

天秤　balance　↓秤

天幕　tente　↓テント

塔　tour

①天まで届くようにと建てたバベルの塔（創一一:一～一九）は、人間の驕りのシンボルである。それを懲らしめるために、神は人びとを全地に散らばし、彼らの言葉を混乱させた。ノアの大洪水も、そうした人間の驕りに対するヤハウェの怒りの結果である。②若い乙女が閉じこもる塔は、修道士が着衣式に唱える三対神徳のひとつ、愛徳のシンボルである。③「連禱」では、聖母マリアは「ダビデの塔」（雅四:四）あるいは「象牙の塔」と言われる。↓**象牙**　④三つの窓のある塔は、聖女バルバラの標章である。彼女は、異教徒である父親にキリスト教への改宗を反対され、塔に閉じ込められた。

洞窟　grotte

①地の底を掘って造った洞窟は、闇の世界へと通じている。洞窟は、呪われた動物である熊のすみかである。②キリスト降誕の洞窟（外典福音書が語っている）と彼の遺体が納められた墓の洞窟とは、福

音物語の流れのなかで、象徴的に照応している。神が天から降ったのが、岩を掘って造った厩のなかであり、キリストが黄泉に降ったのは、聖墓の穴のなかであった。そして、その穴のなかから三日後に蘇ったのである。→墓

陶工　potier
陶工は創造主である神を表わす。神は粘土から人間を造った（創二：七）→土、人間

東西　est-ouest
「西向きの」教会を縦に貫いている東西軸は、太陽およびキリストの象徴体系に深く結びついている。東向きの後陣はキリストが到来したことを、また西向きの正面は時の終わりにキリストが再臨することを、それぞれ表わしている。→太陽

動物　animal　→獣

とかげ　lézard
蛇やサラマンダーに似ているが、とかげは固有の象徴的意味を持つ。とかげは小さな身近な動物でありながら、大きな知恵を備えてもいる（箴三〇：二四〜二八）〔新共同訳では「とかげ」ではなく「やもり」〕。太陽に当たってじっと動かないことから、とかげは神の光の観照のシンボルである。

毒麦　zizanie
①キリストのたとえ話では（マタ一三：二四〜三〇）、毒麦は敵が麦畑に蒔いた雑草である。主人は僕たちに、毒麦を抜くと、麦まで一緒に抜いてしまうかも知れないので、選別は刈り入れまで待つようにと言う。敵とは悪魔のことである。毒麦と麦は、それぞれ、罪人と正しい人を表わす。刈り入れとは最後の審判であり、そこで選ばれた者と神に見離された罪人とが選り分けられる。②「毒麦を蒔

く」という言い回しは「不和の種を蒔く」意である。→刈り入れ、種、種を蒔く人

年　année　→月暦

ともし火（ランタン）　lanterne

受難具のなかに、ともし火が入っていることがある。おそらくそれは、イエスが息絶えたときに日食が起きたことを表わすためであろう（マタ二七：四五、マコ一五：三三、ルカ二三：四四）。あるいはまた――こちらのほうがもっともらしいが――イエスがゲッセマネで逮捕されたのが夜だったことによるのかも知れない（ヨハ一八：三）。→ともし火（ランプ）、松明

ともし火（ランプ）　lampe

福音書のたとえ話では（マコ四：二一～二五、ルカ八：一六～一八）、ともし火は光と神の言葉を象徴する。光と神の言葉は各人のうちにあるが、闇に隠されたままであってはならない。「十人の乙女」のたとえ（マタ二五：一～一三）では、そのうえさらに、人間の側の備えという意味が加わる。五人の賢い乙女たちは、備えよく油をたっぷり用意していたので、花婿が到着するとすぐに、花婿と一緒に婚宴の席に着くことができたが、他の五人の乙女たちは、油を買いに行かねばならず、戻ってきたときにはすでに遅く、戸が閉まっていた。このたとえの教訓は、審判の時がいつ来てもよいように、つねに備えていなければならない、ということである。その時は神しか知らないのだから。

ドラゴン　dragon　→竜

トランセプト　transept　→翼廊

鳥　oiseau

①空に住むことから、鳥は神との関係を、少なくとも天の国との関係を、表わす。その関係は、鳥の

種類とそれぞれの種類に与えられた象徴的価値によって、いろいろに異なってくる。→うずら、烏、孔雀、ゴシキヒワ、白鳩、ツバメ、鶏、鳩、ひばり、ふくろう、不死鳥、ペリカン、鷲 ②キリストの言葉によれば、空の鳥は天の国の木陰に休みに来るよう招かれている人びとを表わす（マタ一三：三二、マコ四：三二、ルカ一三：一九）。空の鳥はまた、神の摂理にわが身をすっかり委ねることの模範である（マタ六：二五〜二六、ルカ一二：二二〜二四）。③アッシジの聖フランチェスコは、鳥たちに説教して、世界の隅々に行って神の賛歌を歌うようにと勧めた。④伝統図像で、天使に翼が生えているのは、鳥をモデルにしているためである。→ケルビム、セラフィム

鳥籠　cage

「鳥籠のなかの小鳥」というのは、軽蔑的な比喩ではない。たしかに、そこには屈従、幽閉の意味はこめられてはいるが、しかしそれは、人間救済のための神の受肉を意味するのだ。神は人間の条件をみずから負い、有限の世界に入ったのである。

トリグラム　trigramme　→三文字

泥　boue　→唾①

轅《ながえ》　**timon**

二輪馬車（戦車）の前に取り付け、牛や馬に繋ぐ、長い木製の道具である轅は、キリストのシンボルである。その形が十字架を連想させるだけでなく、牽引の軸としてのその役割もまた、十字架がこの世にもたらした導きの力を暗示している。

なつめやし　palmier　→棕櫚

なつめやしの実　datte

義人の木であるなつめやしの実は、神の恵みである。外典福音書によれば、エジプトへの避難の途次、幼子イエスは、なつめやしの木に身を屈めさせ、その甘い実を聖家族にみずから進んで差し出すように命じたとされる。**→棕櫚**

なでしこ　œillet

①小さな目を意味するなでしこは、被造世界のどんな細部にも及ぶ神の眼差しを表わすとも言われる。②ときにニオイアラセイトウと混同され、その象徴的意味を分かち持つこともある。**→ニオイアラセイトウ**　③婚約した娘を表わす花であるなでしこは、しばしば、「雅歌」の乙女、そして神の花嫁マリアに結び付けられる。**→ミルト**

七〇あるいは七七　soixante-dix ou soixante-dix-sept

七を重ねた形のこれらの数は、完全性のほかに、普遍性、全体性を暗示する。エレミアは、イスラエルの民が、七〇年のあいだ、バビロンの捕囚となることを予言する（エレ二五：一一、二九：一〇）。イエスは弟子たちに、自分に対して罪を犯した者を、七回どころか七七回〔新共同訳では「七の七〇倍」〕まで許すようにと言う（マタ一八：二一〜二二）。つまりは、ただひたすら許せということである。

縄　corde

①イエスは縄で柱に縛りつけられ、鞭打たれた。そのため、縄も受難具のひとつに数えられる。②後悔したユダが首を吊ったのも、縄によってであった（マタ二七：三〜五）。③縄（corde）は、間違った語源的知識から、和合（concorde）のシンボルとされる。実際には、concorde は cum（「ともに」あるいは「いっしょに」）と cor（cordis）（「心」）の合成語である。④アッシジの聖フランチェスコは、清貧の精神から、自分も兄弟たちも、帯の代わりに縄を締めることにした。↓結び目②

難破　naufrage　↓嵐

二　deux

二という数字は、敵対、対立、さらには分割、分離のシンボルである——神と被造物、光と闇、太陽と月、右と左、男と女、能動と受動、積極性と消極性、肯定と否定、等々。しかし、この二重性は弁証法的である。つまりそれは、戦いを通じて、最終的には両者の和解と結合に至る。神は人間を自分にかたどって造ったのであって、自分とまったく別のものとして造ったのではない（創一：二六）。また神は、人間を男と女として造ったが、男女が一体となることを望んだ（創二：二三〜二四）。旧約と新約聖書は、連続性と成就の論理でつながった二部作を構成している（マタ五：一七〜一九）。ラザロの姉妹であるマルタとマリア、彼女たちがイエスに示した一見正反対の態度も、どちらがよく、どちらが悪いといった問題ではなく、人間としてのあり方のふたつの面を表わしている（ルカ一〇：三八〜四〇）。両者が激しく対立しているように見える場合でも、互いに深い関係で結ばれていることが明らかになる――アベルとカイン（創四：一〜一六）、ダビデとゴリアト（サム上一七）、イエスとともに十字架にかけられた良い盗賊と悪い盗賊（ルカ二三：三九〜四三）、等々。一般的に言って、キリスト教は二元論的であることを望まない。ユダヤ教の神との契約を受け継ぐ形でこの世に到来したキリストは、それまで対立していたものを和解させる。イエスは、ひとつの人格において、神性と人性を、混同させることなく、結び合わせる。二という数字は、統一ないしは多様化に、みずからの解決点を見出す。

ニオイアラセイトウ　giroflée

ニオイアラセイトウ（giroflée）のぴりっとした香りは、異国の木である丁子の花芽を干した香辛料（clou de girofle）の匂いを思わせる。このように、ニオイアラセイトウは、磔刑に使われた釘（clou）に結びつくことから、キリストの磔刑を表わす花となる。→釘　ニオイアラセイトウとしばしば混同されるなでしこも、同じ象徴的意味を担う。

苦よもぎ　absinthe

①苦味を抽出する香草である苦よもぎは、毒の同義語であり、肉体的な死、さらには精神的な死をも引き起こす。ヤハウェは、律法を捨て去った民を威嚇して、苦よもぎを食べさせ、毒の水を飲ませると言う（エレ九：一四）。②時の終わりに、「黙示録」の第三の天使がラッパを吹くと、天から「苦よもぎ」という星が落ちてきて、あらゆる川と泉の水の三分の一が毒されてしまうだろう（黙八：一〇〜一一）。→ラッパ

荷鞍　bât

駄獣、とくにろばの背に置かれる荷鞍は、《キリスト降誕》の背景にしばしば描かれる。荷鞍はヨセフの人物像と結びつく。その荷鞍は、キリストがゴルゴタへの道を担いで登った十字架の予示でもある。われわれもまた、生涯を通じて、自分の十字架を担い続けねばならない。

虹　arc-en-ciel

半円形をして現われる美しい光の現象である虹は、天と地、神と人間を結ぶ通路であり道である。虹は、一度破棄されたのちに、ふたたび結ばれた契約のしるしである（創九：一二～一七、エゼ一：二八、黙四：三）。**→円、箱舟、鳩、光、指輪**

二四　vingt-quatre

一二の倍数である二四は、一二の象徴的意味を分かち持つ。イスラエルの部族の数、そして使徒の数は、いずれも一二であるが、「黙示録」の長老の数は二四である（黙五：八～一〇）。これら二四人の長老は、地上世界の聖なる部族が天上世界で倍の数となって再結集することを表わしている。旧約聖書の一二の代表者と新約の一二人が一堂に会し、神の子羊を称えているのだ。**→一二**

日食　éclipse　→食

乳香　encens　→香

二輪馬車　char　→戦車

庭　jardin　→園

鶏　coq　→雄鶏

人間　homme
①中世の伝統的語源学によれば、「人間」(homme)という語は「土」(humus)に由来する。「アダム」という語もやはり「土」を意味するらしく、人間が粘土から造られたことを想起させる(創二：七)。→**塵、土、陶工** ②四人の福音書記者を象徴するとされる「四つの生き物」(黙四：七〜九)のなかで、マタイを表わすのは人間である。それは、「マタイによる福音書」が「人の子」としてのキリストの家系図によって始まっていることによる。→**雄牛、獅子、鷲**

猫　chat
①猫は呪われた悪魔的な動物である。《受胎告知》には、天使ガブリエルが天から降り立ったのを見て、猫が逃げ出しているところが描かれているものもある。②猫と犬の戦いは悪と善の戦いを表わしている。→**犬** ③《最後の晩餐》で、ユダのそばに猫が描かれているのは、これから裏切りが行なわれようとしていることを表わしている。→**蠍**《さそり》

農耕　labour　→**耕作**

鋸　scie
切断する道具である鋸は、不和を表わす。→**鉋**《かんな》

葉　feuille

①植物の最も植物らしい部分である葉は、たとえ一枚でも、命の木を連想させる。古い命の木はエデンの園にあり、新しい命の木とはゴルゴタの丘に立てられた十字架にほかならない（その十字架からは、エッサイの木の新芽が生えた）。②葉はまた、地上の楽園に生えているもうひとつの木を連想させる。それは善悪の知識の木で、人間はその実を食べることを許されていなかった。この禁断の木が原罪の元となり、原罪を犯した人間は楽園から追放され、その後、幾多の苦難を味わわねばならなかった。その苦難の始まりとして、アダムとエバは自分たちが裸であることを知った。聖書は詳しく述べている――「ふたりはいちじくの葉をつづり合わせ、腰を覆うものとした」（創三：七）。だが、以上の記述にもかかわらず、アダムとエバの局部を隠す最初の衣服として、ぶどうの葉が描かれることが多い。→**いちじく**

歯　dent

抜かれた歯がついたままの釘抜きは、殉教した聖女アポロニアの標章である。→**釘抜き**

灰　cendre

①燃焼の残留物である灰は、火がその仕事をなし終えたあとに残されたものである。灰は、まったくの無価値、空虚さを表わす。ユダヤ・キリスト教の伝統では、この無の観念は、人間は神の助けなし

には肉体的にも霊的にも生きられないという死の観念に結びついている。神の火が消えてしまったのだ。いくつかの儀式で灰が用いられるのも、人間が犯した罪と人生のはかなさの意識からである。それは悔悛のしるしである。「塵と灰〔新共同訳では「あくた」〕にすぎないわたしですが、あえて、わが主に申し上げます」（創一八：二七）。ヘブライの民は、葬儀の際、頭に灰ないし塵をかぶる慣わしである（ヨシ七：六、哀二：一〇、エゼ二七：三〇）。②キリスト教典礼暦では、四旬節は灰の水曜日に始まる。これから節制と悔悛の四〇日を送ろうとしている信者たちの額に、司祭が灰を塗る。その際、司祭は信者たちに言う――「あなたは塵であり、やがて塵に返るだろう」。③死のしるしである灰が、逆に、命を暗示することもある。キリストは死の灰のなかから蘇る不死鳥である。愛の火に焼かれて灰となったあと、彼は永遠の命に蘇る。→**塵、不死鳥**

灰色　gris

灰と塵の色である灰色は、禁欲と悔悛のシンボルとなる。修道士の服が灰色であるのも、その精神に基づいている。

廃墟　ruines

《キリスト降誕》の背景に、古代の廃墟が描かれているのは、福音の到来によって覆された異教世界を表わしている。

蠅　mouche

①蠅〔新共同訳では「あぶ」〕は、エジプトの一〇の災いのうちのひとつである。これらの災いは神が送りこんだもので、ヘブライの民を隷属から解放するよう、ファラオを威嚇したのである（出八：一六～二八）。②蠅には、疫病と死の観念がまといつく（コヘ一〇：一）。

墓　tombeau

岩を穿って造られ、重い石で塞がれたキリストの墓は、地下に埋もれた暗い無機質の場であるが、同時にまた、輝かしい復活の場でもある。福音書には墓は新しかったことが明記されているが、それは、イエスの死が、アダムの種から生まれ、罪を負った普通の人間の死とはまったく異なるものであることを示すためである。旧約聖書におけるノアの箱舟（創六：一三～二二、七）、契約の箱（出二五：一〇～一六）、あるいはヨナを呑み込んだ魚（ヨナ二：一～一一）は、キリストの墓の予示とされる。これらは皆、試練と希望の容器である。→洞窟、箱舟と箱

秤（天秤）　balance

①秤は中庸、均衡、正義のシンボルである。正義の寓意は、右手に剣、左手に秤を持つ、がっしりした体格の女である。聖ミカエルも同じ標章を持つ。ミカエルは最後の審判を告げる天使であり、秤を持って、人びとの魂を計り（「魂の計測」という）、彼らの行ないを評価する。②大天使ミカエルのこの秤は、キリストから受け継いだものである。キリストこそ、ユダヤ教の伝統を成就する審判者である。旧約聖書では、ヤハウェは完全なる秤であり、人間の過ちや傲慢さを糾弾する一方で、義人の功業を正しく計る（ヨブ三一：六、箴一一：一、二〇：一〇）。

履物　chaussure

①裸足に対して、履物を履くことは、土にじかに触れないということであり、つまりは人間としてより高い立場に立つことを意味する。主人は履物を履き、奴隷は裸足である。こうした上下関係の認識があるからこそ、燃える茂みのあいだに主の御使いが現われた場所に入るのに、モーセは履物を脱がねばならなかったのである（出三：一～一〇）。②ひとの履物のひもを解くことは、服従の行為である。

イエスの偉大さを知る洗礼者ヨハネは、へりくだって、次のように言う――「わたしはそのかたの履物のひもを解く資格もない」（ヨハ一：二七）。

バグパイプ　cornemuse

牧羊社会の代表的楽器であるバグパイプは、《キリスト降誕》の厩にやって来た羊飼いたちの標章である。

箱　coffre

古代から用いられている原始的な家具である箱は、ノアの箱舟、あるいは契約の箱に結びつく（「箱舟」も「箱」も、フランス語では、「箱」archeである）。ラテン語のarcaは「箱」を意味する。→神殿

箱舟と箱　arche

ノアの箱舟、契約の箱、そしてキリストの墓を示すのに、同じラテン語 arcaが用いられる。いずれも箱や小箱であり、つまりは命の約束――ノアとその家族および大洪水から救い出されたつがいの動物たち（創七）、モーセに託された律法の石板（出二五：一〇～一六）、今は死んでいるが、やがて蘇るキリストの体（ヨハ二〇）――を入れた容器である。→洞窟、墓、船

橋　pont

①一方の岸から他方の岸に渡ることを可能にする橋は、通行や通路のシンボルである。聖書の伝統では、真の橋は天と地、神と人間をつなぐものである。大洪水の終わりに現われた虹（創九：一二～一七）、ヤコブの夢に現われた梯子（新共同訳では「階段」）（創二八：一〇～一九）は、この世と天の国のあいだにかけられた橋である。→虹、梯子　②イエスの十字架は、まさしく橋である。それは地に立って、天に延びる。より一般的にいえば、キリストの到来そのものがひとつの橋であって、律法

の時代から恩寵の時代へと、旧約聖書から新約へと、文字通りの橋渡しをする。③ローマ皇帝の称号を踏襲し、教皇は「大神祇官」(Pontifex Maximus)と言われる。つまり、教皇は「橋をかける人」(pontifex)であり、また自分自身が橋なのである。→鍵、三重冠

梯子　échelle

①梯子は、垂直性、上昇のしるしであり、天と地をつなぎ、神と人間を和解させる。ヤコブの夢に、天まで達する梯子〔新共同訳では「階段」〕が現われ、天使たちが上がったり降りたりしていたが、やがて神自身が地上に降り立った(創二八：一〇〜一九)。このヤコブの幻を受けて、イエスは言う——「天が開け、神の天使たちが人の子の上に昇り降りするのを、あなたがたは見ることになる」(ヨハ一：五一)。②梯子は受難具のひとつである。ニコデモとアリマタヤのヨセフは梯子を昇り、イエスを十字架から降ろした(マタ二七：五九、マコ一五：四六、ルカ二三：五三、ヨハ一九：四〇)。③「連禱」では、聖母マリアは「天の梯子」と言われる。人びとの魂を、救いへと引き上げる彼女の役割を称えたものである。→階段

柱　pilier

典礼暦でも、図像でも、並んで扱われることの多い聖ペトロと聖パウロは、教会のふたつの柱と言われる。キリストのあと、キリスト教の基礎を築き上げたのは、彼らである。→円柱

バジリスク　basilic

①中世では、なかば雄鶏、なかば蛇の混合怪獣で、悪魔の化身とされたバジリスクを、人びとはおおいに恐れていた。その稲妻のような眼光で射られたり、毒を含んだ息を吸いこんだりすれば、たちどころに死んでしまうとされた。バジリスクから身を守る唯一の武器はガラス玉ないしは鏡で、怪獣はそこに反射したみずからの眼光で射られてしまう。バジリスクは悪を象徴するが、それはこの怪獣の

自然に反するグロテスクな生まれ方――年老いた雄鶏が産み落とした丸い卵をヒキガエルが堆肥のなかで抱いて孵化させると言われる――からもうかがわれる。②バジリスクは、蛇と混同されて、罪をそそのかす誘惑者とされる（創三：一五、詩九一：一二～一三）。この怪物を退治できるのは、ただキリストだけである。→キマイラ、蠍《さそり》、竜

旗　étendard

①白地に赤い十字のついた旗は、死に対する勝利を象徴する。復活や黄泉降りのキリスト、あるいは復活したキリストを表わす過越の子羊は、そのような旗を持つ。②十字の旗は、ゲオルギウスのような戦う聖人たちの標章となる。→ラバロム

裸　nudité

①無垢の象徴である裸は、エデンの園に暮らす最初の人間たちのこのうえない幸福を思い起こさせる。アダムとエバは創造主との自由で屈託のない関係を生きていた。②原罪を犯したあと、彼らは自分たちが裸であることを知り、恥ずかしさを覚えたが、その羞恥心こそ失墜のしるしなのである（創三：七）。衣服を身につけることで、ようやく恥ずかしさを免れたが、それ以来、裸は不品行や罰に結び付くようになった。→ぶどうの木　③十字架上のキリストが裸であるのは、自己放棄とこの世の罪を贖うための完全なる犠牲のしるしである。それは原初の無垢への回帰を意味する。裸で十字架にかかったキリストの絶対的な貧しさを、のちに、サント＝ボーヌ山で悔悛の日々を過ごしたとされるマグダラのマリアのような苦行者たち、さらには矢に射られた聖セバスティアヌスのような殉教者たちが模範とするようになる。アッシジの聖フランチェスコが自分の衣服を捨てたのも、同じ理想に従ったものである。旧約聖書でヨブが衣を引き裂いて裸になったことも、福音書で称揚される清貧の予

示とされる（ヨブ一：二〇〜二一）。④裸の女は真理の寓意像であり、着衣の女は慈悲を表わす。⑤裸はまた、裁きを受けるために神の前に出頭する際の人間の魂の弱さを表わす（コヘ五：一四、エゼ一六：七）。それゆえ伝統図像では、裸の体は最後の審判を受ける人間の魂を象徴する。

八　huit

①聖書では、七が契約と律法のシンボルだとすれば、八はそれを超える数である。キリストは、聖週間の六日目に死んだが、八日目には蘇っている。このように、八は復活を表わす数字である。まずは救い主自身の復活を表わすが、同時にまた、人類全体の復活をも表わす。八は新しい時代のしるしである。「山上の説教」で神の国の新しい精神を宣言した「幸い」の数は八つである（マタ五：一〜一二）。②八の数はキリスト教建築にも生かされているが、とりわけ、新しい命を授ける儀式が行なわれる洗礼堂は八角形をしていることが多い。

鉢巻　bandeau

修道女が額に巻く鉢巻は、この世に対して盲目であるべきこと、ただ霊的な現実だけに目を向けるべきことを自戒するためのものである。→**目隠し布**

蜂蜜　miel

①蜂蜜は、その甘さから、神の慈悲のシンボルとされる。ヤハウェはモーセに、イスラエルの民をエジプト人の手から救い出し、彼らをカナンの国、乳と蜜の流れる土地へと導き上がると約束した（出三：八）。→**乳**①　②やはり乳と結びついて、蜂蜜は不滅の愛のシンボルともなる（雅四：一一、五：一）。預言書では、蜂蜜はメシアの食べ物である（イザ七：一四〜一五）。③荒れ野の洗礼者ヨハネは、動物の皮を着て、いなごと野蜜を食べ物としていた（マタ三：四）。→**いなご**、**ミツバチ**

薄荷《ハッカ》 menthe

ファリサイ派の人びととの論争で、キリストが薄荷、茴香《ういきょう》、クミン〔新共同訳では「薄荷、いのんど、茴香」〕に言及するのは、彼らを皮肉ってのことである。キリストは、畑から取れた作物の十分の一を神殿に納めるというモーセの掟（申一四：二二）を、取るに足らない野菜についても、杓子定規に守ることに汲々としている彼らを非難しているのだ。その一方で彼らは、律法の最も肝心な点を無視している（マタ二三：二三）。

パテナ（聖体皿） patène

聖体のパンを載せる皿であるパテナは、秘義によれば、キリストの体の容器である。パテナと聖杯が並んで描かれるのは、両形色、すなわち聖別後のパンとぶどう酒を表わしている。そしてこのパンとぶどう酒がキリストの体と血になるのである。→壺

鳩 pigeon

象徴としての鳩は、白鳩と混同されることも多いが、やはり鳩の場合、たいていは白鳩によって表わされる貞潔のイメージよりも、淫欲のイメージが勝る。とりわけ、鳩がつがいで描かれている場合はそうである。→雉鳩

花 fleur

①花の象徴体系は豊かで多様である。一般に花は、視覚的および嗅覚的に、幸福の思いを呼び起こす。それ自体の命ははかないとはいえ、花は、果実の稔りをもたらすことから、三対神徳のひとつである望徳を象徴する。花は、待望の季節、命の目覚めの季節である春に結びつく。受胎告知、キリストの復活、キリストの昇天、聖霊の降臨が花咲く季節に集中して祝われるのは、それゆえである。②伝統

的に、聖母マリアだけでなく、キリストもまた「花」と言われる。→アネモネ、オダマキ、菫《すみれ》、なでしこ、バラ、春、ひなぎく、百合

ハープ harpe →竪琴

バラ rose

①そのみずみずしさと美しさは天の国の清らかさに通じるとしても、枝に生えた棘ゆえに、バラはまず深刻な象徴的意味を持つ。伝承によれば、バラの枝に棘が生えたのは、人間が原罪を犯したあとのことである。バラの棘のある枝を編んで作られたイエスの荊冠は、まさに原罪を表わしている。かくしてキリストは、人類救済のために、人間が犯した原罪をみずから負ったのである。→アカシア、あざみ　聖母マリアは「棘のないバラ」と呼ばれる。彼女こそ、エデンの園の無垢に戻ることができた最初の人間なのだ。②バラの花とその赤い花びらからなる花冠は、キリストの血を受けた杯を思わせる。→聖杯（グラール）　③ばら十字団の紋章は十字の中央に赤いバラを配するが、それはキリストの心臓、すなわち聖心を表わす。④バラは、何よりもまず、聖母マリアのシンボルである。「連禱」では、マリアは「神秘のバラ」と呼ばれる。マリアを称えて唱えるロザリオは、もともと「バラの園」を意味する。一五〇回唱える「アヴェ」（めでたし）という言葉のひとつひとつが、聖母に捧げるバラなのである。白バラである最初の五〇回は喜びの秘義を、赤いバラである次の五〇回は悲しみの秘義を、そして黄金のバラである最後の五〇回は栄光の秘義を、それぞれ表わす。かくして編まれたこれらのバラは三つのコンタツ——聖母が順にかぶる冠としての三つの小さな帽子——を構成する。⑤ダンテは『神曲』で天上のバラを思い描いているが、それは、天国で神を拝顔する栄光に浴した福者たちが円陣を組んで並んでいるさまを表わしている。

薔薇窓　rosace

ロマネスクおよびゴチック様式の教会の円形の大窓のことを薔薇窓と呼ぶが、この薔薇窓は、車輪、星、光、そしてバラの象徴的意味と結びつく。→車輪、星、光、バラ

梁　poutre

①木の幹を削って作った梁は、具体的に木の堅牢さを備えるとともに、象徴的には幹の中心軸としての性格を受け継ぐ。ソロモンの神殿の屋根を支えるのに、この聖殿にふさわしいレバノン杉の梁が用いられた（王上六：九～一〇）。→レバノン杉　②十字架にかかって蘇ったキリストの体は、エルサレムの神殿に取って代わり、新しい至聖所となった（ヨハ二：二一、黙二一：二二）。そしてこの新しい神殿の梁とは十字架の横木にほかならない。③キリストのたとえ話にでてくる梁――隣の人の目にあるほんの小さな藁くずは見えるのに、自分の目のなかにある梁が見えない（新共同訳では「おが屑」と「丸太」）――は、他人に対しては厳しく、自分に対しては甘い人間の自己欺瞞を表わしている（マタ七：一～五）。

ハリネズミ　hérisson

中世の伝承では、ハリネズミは七つの大罪のうちのふたつ、すなわち物欲と貪食を象徴する。ハリネズミは、果物が地面に落ちると、そのうえを転げまわって、背中の針で果物を突き刺し、そのまま巣に運び込んでから、ゆっくり食べたり、蓄えたりすると信じられていた。

春　printemps

キリストの到来、そして人間に救いをもたらすキリストの受難を、人びとは、春の訪れとして、新しい命への目覚めとして、受け取る。受胎告知の日（三月二十五日）は、昔は復活祭の日でもあった（典礼暦では、その日取りは毎年変わる）。キリスト教的（より正確にはキリスト的）シンボルのなかで、春にまつ

わるものは数多い。たとえば、エッサイの木の株から生えた若枝、ツバメが戻ってくること、ひなぎくの開花。→ツバメ、花

はれ物　ulcère

はれ物は、ヘブライの民を隷属から解放するよう、ファラオを威嚇するために、神が送りこんだエジプトの一〇の災いのうちのひとつである（出九：八～一二）。→らい

パン　pain

①生きるのに欠かすことのできない食べ物であるパンは、キリスト教の成立とともに、その聖体の秘義に深く関わって、ある特別な意味を持つようになった。すなわち、キリストの体は命のパンとして与えられるということである。こうしたキリスト教的観点から旧約聖書を読み直すとき、聖なるパン、永遠の命のパンの予示をいくつも見出すことができる。ミルキゼデクがアブラハムに与えたパンとぶどう酒を、キリスト教の教父たちは、聖体の犠牲の予兆と見なした（創一四：一八～二〇）。荒れ野をさまようヘブライの民に食べ物として与えられたマナ（出一六）は天のパンと呼ばれ（詩一〇五：四〇）、キリスト教では、このエピソードに聖体の秘跡の約束を認めるのが通例である。→マナ　②福音書でもパンはしばしば登場する。イエスがパンを一〇〇〇倍にも増やした話は聖体の秘跡の前触れであり（マタ一四：一三～二一、マコ六：三二～四四、ルカ九：一〇～一七、ヨハ六：一～一五）、また逆に「エマオでの食事」は、聖体の犠牲を儀礼的に再現したものである（マコ一六：一二～一三、ルカ二四：一三～三五）。ふたりの弟子たちにイエスがパンを裂いて渡したとき、ようやく彼らの目は開け、そのひとがイエスだと分かった。これらふたつのエピソードのあいだに置かれた最後の晩餐こそ、聖体の秘跡そのものである。キリストは、パンを取って言った――「取って食べなさい、これはわたしの体である……」。

十字架上での死とそれに続く復活は、以上の言葉に十全の意味を与える。イエスは命のパンなのである（ヨハ六：三五）。↓籠　③ミサ（聖体礼儀）に用いるパンは、正教会では酵母入りだが、ローマ教会では酵母の入らないパン、つまりは種なしパンが用いられる。↓種なしパン、パン種、ホスチア

パン種　levain

①パン種（酵母菌のペースト状の粒で、パン生地に入れて発酵させる）は、キリストのたとえ話に用いられ、最初は小さいのにやがて大きくなってゆく天の国の比喩となる（マタ一三：三三、ルカ一三：二〇～二一）。②聖体のホスチアとして、東方教会は酵母入りのパンを用い、西方教会は酵母の入らないパンを用いる。↓種なしパン、パン③、ホスチア

日　soleil　↓太陽

火　feu

①水、土、空気とともに、四大のひとつである火は、両義的なシンボルである。火は浄化と破壊のふたつの作用を併せ持つ。その抑えがたい力強さ、とらえがたい動性、まばゆい輝きゆえに、火は神の表徴となる。「燃える茂み」のエピソードでは、炎のなかに神が現われ（出三：二）、シナイ山の頂きでも、神は火のなかからモーセに語りかける（出一九：一八～一九）。聖書では、神の言葉を火に喩えるのが通例である（エレ五：一四、二三：二九）。②地獄の火は消えることがない（マタ三：一二）。地獄では（マタ五：二二、一八：八～九）、悪魔とその手下の天使たちのために用意された火が永遠に燃えている（マタ二五：四一）。③しかし、火はまた、浄化し、命を与える。キリストがこの世に来たのは、聖霊と火で洗礼を授けるためである（マタ三：一一）。五旬節には、聖霊が炎の舌となって現われる（使二：三）。④典礼では、復活祭の前夜に行なわれる徹夜祭で、信者たちはろうそくを点し、司祭は火を祝福して、聖霊

を賛美する。⑤燃える心臓は愛徳のアレゴリーであり、またアウグスティヌスやパドヴァのアントニオなど、熱烈な慈愛心を持つ聖人たちの標章である。

火あぶり台　gril

火あぶり台は聖ラウレンティウスの標章である。彼は火あぶり台に生きたまま横たえられて殉教した。

ヒイラギ　houx

ヒイラギの棘のある葉は、茨の冠を思わせることから、キリストの受難を象徴する。**→アカシヤ、あざみ**

緋色　pourpre

①貝殻から採れる緋色は鮮やかな赤で、希少な色として珍重される。かつては、権力の象徴とされ、王権のシンボルともなった。ローマの兵士たちはキリストに緋色の外套〔新共同訳では「紫の服（外套）」〕を着せたが、それはみじめな王であるキリストを嘲るためである（マタ二七：二八、マコ一五：一七、ヨハ一九：二）。**→外套**　②緋色は枢機卿が着る服の色である。それゆえ、枢機卿の位を指して「緋色」と言う。**→帽子**　③外典福音書によれば、受胎告知のために、天使ガブリエルがやって来たとき、マリアは緋の糸を紡いでいるところだった。その貴重な糸は、神殿の垂れ幕を織るためのものである。**→糸、糸巻き**

光　lumière

聖書の伝統では、神は光である（詩二七：一、イザ六〇：一九〜二〇）。とはいえ、光が神格化されることはない。光と闇を分けたのは神なのである（創一：四〜五）。キリストは世の光である（ヨハ八：一二、九：五）。律法の光（詩一一九：一〇五）に取って代わって、メシアの光が人間を照らす（ルカ二：三二）。それゆえ、人間のほうでも、神の光の反照とならねばならない（Ⅱコリ四：六）。神の光は愛の光である（Ⅰヨハ二：八〜一一）。救いへの歩みは闇との戦いであり、人間がその闇を霊の光へもた

らすのである。→稲妻、金、太陽、月、ともしび、火、星、闇、ろうそく

ヒキガエル　crapaud

ヒキガエルは、ときに普通の蛙と混同されることもあるが、逆に蛙と対比されることも多い。ヒキガエルが、醜いうえに、暗くなって活動するために、闇に生きる悪魔的な動物とされるのに対して、昼間に活動する普通の蛙は、肯定的意味での象徴となりうる。ただし、普通の蛙も悪魔の化身とされることがある。→蛙

引き裂くこと　déchirement

布を引き裂くことは、断絶ないし決裂のしるしである。受難の際、大祭司は、キリストが神を冒瀆する言葉を吐いたと憤りながら、自分の服を引き裂いた（マタ二六：六五、マコ一四：六三）。この大祭司の行為は福音の拒絶を表わす。イエスが死んだときに神殿の垂れ幕が真っ二つに裂けたのは、モーセの律法の時代が終わり、新しい神殿（それはキリストの体にほかならない）が出現したことのしるしとされる（マタ二七：五一、マコ一五：三八、ルカ二三：四五）。→糸、糸巻き、神殿②、幕　十字架にかかったキリストのチュニカ〔新共同訳では「下着」〕を兵士たちが引き裂こうとしなかったのは、キリストが神であるという秘義を、ぼんやりとではあれ、彼らが認めたしるしとされる（ヨハ一九：二三〜二四）。

ひげ　barbe

①男らしさのしるしであるひげは、力と勇気を象徴する。また老人の特徴である長く白いひげは、老いの知恵を意味する。族長や預言者たちは、多くの場合、ひげを生やした姿で描かれる。アダムは九三〇歳で死んだ（創五：五）。それゆえ、《黄泉降り》の場面では、キリストが黄泉から救い出したアダムは、死んだ年齢にふさわしいひげを生やしている。②初期の時代のキリスト像は、アポロンを思わ

せる若者姿で描かれ、ひげは生やしていない。時代が下るにつれて、ひげを長く生やした姿で描かれるようになるが、そのひげの両端は、キリストのふたつの性質、つまり人性と神性を表わす。→髪、髪の房　③ローマ教会では、かつては父なる神も子なるキリストとして描かれていたのだが（ヨハ一：一八、一二：四五、一四：七～九）、十五世紀以降は、旧約の伝統に則り（ダニ七：九、黙一：一四）、ひげを生やした白髪の老人姿で描かれるようになった。

ひこばえ　rejeton, surgeon　→若枝

ヒソプ　hysope

①芳香性の灌木であるヒソプは、ヘブライの民が潔めの儀式に用いたものである（レビ一四：四～五、民一九：六、一七～一八）。ヒソプは罪や穢れを払う役目を果たした――「ヒソプの枝でわたしの罪を払ってください／わたしが清くなるように。わたしを洗ってください／雪よりも白くなるように」（詩五一：九）。②過越祭には、ヒソプの枝の束を犠牲の子羊の血に浸し、その血を鴨居と入り口の二本の柱に振りかける（出一二：二二）。旧約時代の儀式に用いられたヒソプは、神の子羊であるキリストが屠られるという新しい契約の犠牲にも関わっている（ヘブ九：一九）。共観福音書では、十字架上のイエスに葦の棒に酢〔新共同訳では「(酸い)ぶどう酒」〕を含ませた海綿を付けて差し出したとされているが、「ヨハネによる福音書」では、その棒がヒソプの枝となっている（ヨハ一九：二八～三〇）。→葦、海綿、酢

左　gauche　→右と左

羊（雌羊）　brebis

旧約時代にはイスラエルの民を表わし、のちにはキリストの名において洗礼を受けた信者たちを表わす羊は、白くふさふさとした毛に包まれ、柔和な心ですっかり信頼しきって、自分たちを緑の牧場に

導く羊飼いのあとについていく（詩二三：一〜四、イザ四〇：一一、エレ二三：一〜四、エゼ三四）。キリストは、迷った一頭の羊を見つけ出すためには、他のすべてを犠牲にすることをいとわない良い羊飼いである（マタ一八：一二〜一四、ルカ一五：四〜七、ヨハ一〇：一一〜一六）。→子羊、雄羊、羊飼い、羊の群れ

羊飼い　berger

もともと遊牧民であるヘブライ人は、羊飼いという仕事を格別に重んじていた。この仕事には、正しい判断力と羊に対する愛情のこもった注意力が必要とされる。ヤハウェは羊たちへの思いやりにあふれた羊飼いであり、羊たちを青草の生い茂る牧場に導く（詩二三：一〜四、イザ四〇：一一、エレ二三：一〜四、エゼ三四）。キリスト自身もまた、迷い出た一頭の羊を見つけるのにすべてを犠牲にすることをいとわない良い羊飼いである（マタ一八：一二〜一四、ルカ一五：四〜七、ヨハ一〇：一一〜一六）。「わたしは良い羊飼いである」と言うイエスは、自分がメシアであることを宣言しているのだ。→羊、羊の群れ

羊の群れ　troupeau

①聖書のいたるところで、イスラエルの民を表わすのに、羊の群れという象徴が頻繁に用いられている。ヤハウェは彼の羊たちを緑の牧場に連れてゆく良い羊飼いである（詩二三：一〜四、イザ四〇：一一、エレ二三：一〜四、エゼ三四）。②キリストもまた、牧杖を手に、父なる神に代わって、良い羊飼いとなる。彼は、羊たちへの思いやりにあふれ、迷った羊を見つけるためには、すべてを投げ出すことをいとわない（マタ一八：一二〜一四、ルカ一五：四〜七）。群れを相手にしているとはいえ、彼は一頭一頭の羊を気遣うのだ――「わたしは自分の羊を知っており、羊もわたしを知っている」（ヨハ一〇：一四）。群れは統一を表わすが、普遍性をも表わす――「わたしには、この囲いに入っていないほかの羊もいる。その羊も導かなければならない。その羊もわたしの声を聞き分ける」（ヨハ一〇：一六）。→羊、羊飼い

③羊の群れは普遍的教会〔カトリックとプロテスタントに分裂する以前の教会を指す〕を象徴する。昔は、小教区や司教区の信者たちを指すのに、ouailles（その語源である ovicula は「子羊」を意味する）という語が使われていた。こんにちでも、司祭や一般信者の行なう福音伝道活動を指すのに pastoral（「羊飼いの」、「司教の」）という語が用いられる。

ひなぎく　pâquerette

ひなぎく（pâquerette）は復活祭（Pâques）の頃咲くので、それにちなんで名づけられた。そのため、ひなぎくは復活祭のつつましやかな標章となっている。→ツバメ

ひばり　alouette

羽が褐色で、飛ぶ力もあまりなく、また鋤き返した畝の虫を食べに来ることから農民たちになじみ深いひばりは、アッシジの聖フランチェスコがとりわけ愛した小鳥である。かくしてひばりは、そまつな褐色の法衣を着るフランシスコ会修道士の紋章となり、またその謙遜の理想のシンボルとなった。→ツバメ②

雹《ひょう》　grêle

雹は、ヘブライの民を隷属から解放するよう、ファラオを威嚇するために、神が送り込んだエジプトの一〇の災いのひとつである（出九：一三～三四）。→雷雨

ピラミッド　pyramide　→円錐

フィラクテリウム　phylactère

中世美術で、聖人ないし天使が繰り広げている吹き流しのようなものをフィラクテリウムというが、それにはふたつの役割がある。ひとつにはそこに描かれている聖典の作者名を、ひとつには登場人物

の語る言葉を、その広げた吹き流しに記して、鑑賞者に知らしめることである。たとえば、いくつかの《受胎告知》では、マリアの前に現われた天使ガブリエルが、以下の文字が書かれたフィラクテリウムを広げている――「めでたしマリア、聖寵充ち満てる方、主は御身とともにいませり」。フィラクテリウムは言葉を視覚化するための工夫である。

封印 sceau →**印**

フェニックス phénix →**不死鳥**

武器 arme

①敵から奪った武器を積み上げる戦勝記念碑のイメージは、世俗の好戦的な象徴体系では、勝利のシンボルとなる。ヘブライの民の歴史もまた、個人的ないし集団的戦いの連続であり、そこでさまざまな武器が用いられたことが具体的に記されている――ダビデの石投げひも（サム上一七：三八～五一）、ユディトの短剣（ユディ一三：六～八）、等々。→**石投げひも** ②しかしたいていの場合、聖書に登場する武器とは精神的なものである。実際、ヤハウェが用いる武器、あるいはヤハウェがその民に与える武器とは、いずれも精神的な力にほかならない（ヨブ二九：二〇）。③イエスの戦いとは、平和と許しのそれである――「平和をつくりだす人びとは、幸いである、その人たちは神の子と呼ばれる」（マタ五：九）。イエスは自分が逮捕されたとき、ペトロが敵に向かって武器を使ったことを咎めた（マタ二六：五一～五四、マコ一四：四七、ルカ二二：四九～五一、ヨハ一八：一〇～一一）。④聖パウロは、悪魔の策略に対抗する精神的戦いに言及し、キリスト教徒が携えるべき武器の一覧表を掲げる（エフェ六：一〇～一七）――神の武具、真理の帯、正義の胸当て、平和の福音を広める熱誠の履物、信仰の楯、救いの兜、霊の剣……→**帯、胸当て、矢、槍、弓**

フクロウ　chouette

①ギリシアの女神アテナ（ローマではミネルヴァ）の鳥であるフクロウは、理知のシンボルである。②肯定的意味での知恵と知性の象徴ともなるが、逆に不吉なシンボルともなり、太陽を嫌い、闇を好むことから、悪魔の化身とされる。

不死鳥　phénix

何度でも繰り返し、灰と化しては、またその灰のなかから蘇る神話の鳥である不死鳥は、復活したキリストのシンボルである。→ペリカン

豚　porc

①不潔な動物とされ、ユダヤ教の伝統では（ついでイスラムの伝統でも）その肉を食べることが禁じられている豚は、のちにキリスト教で食用が許されることになってからも、貪食、不潔、無知、淫欲、エゴイズムの象徴である。豚の世話をするのは、「放蕩息子」のたとえ話にも見られるように、すっかり身を持ち崩したことのしるしである（ルカ一五：一一～三二）。豚に真珠を投げ与えるとは、霊的な富を見境なく濫費することを意味する（マタ七：六）。②聖アントニウスは豚を忠実な伴侶とする。

ぶどう搾り器　pressoir

ぶどう酒を造るためにぶどうの果汁を搾り出す道具であるぶどう搾り器は、キリストの血を流した犠牲の道具である十字架のシンボルとなる。ぶどう搾り器の横棒は十字架の横木を思わせる。

ぶどう酒　vin

①酔いをもたらす飲み物であるぶどう酒は、最重要のシンボルである。ぶどう酒は、喜び、歓喜を意味する――「ぶどう酒は人の心を喜ばせる」（詩一〇四：一五）。より一般的にいえば、ぶどう酒は、

ヤハウェが人間にもたらす恩恵のしるしである豊饒のシンボルとなる（創二七：二八）。②ぶどう酒は聖なる飲み物であり、生け贄の儀式に用いられるが（出二九：四〇）、それは神自身の飲み物であって、しかも場合によっては、神の怒りと罰のシンボルともなる（イザ五一：一七）。③最後の晩餐では（マタ二六：二七～二九、マコ一四：二三～二五、ルカ二二：一七～一八、二〇）、キリストが差し出す杯に入ったぶどう酒は、すべての人の救いのために流される彼の血である。十字架上での比類なき犠牲の際に流された血は、ミサ（聖餐式）において永遠に流れ続ける。そこでは、ぶどうの木と人間の労働との果実であるぶどう酒が、永遠の命を与える飲み物となるのだ。→聖杯、血

ぶどうの枝 sarment →ぶどうの幹

ぶどうの木（ぶどう園） vigne

①オリーブの木とともに、ぶどうの木は聖なる植物とされる。オリーブ油、ぶどう酒、そしてパンは、人間が生きるのに欠かせない三大食料である。ぶどうの木は命の木である。「創世記」によれば、最初にぶどうの木を植えたのはノアであるが、それは大洪水のあとであった（創九：二〇）。ところが、それまで酒を飲んだことのないノアは、ぶどう酒を飲み過ぎて酔ってしまい、おまけに裸になったところをハムに見られ、恥をかいた。→裸　こうして人間はぶどう酒の味を知ったわけであるが、それはさておいて、聖書では普通、ぶどうの木は貴重な財産とされる（王上二一：一～三、詩一二八：三）。②選ばれた植物であるぶどうの木は、イスラエルの民のシンボルとなった。ヤハウェはこのぶどうの木を手塩にかけて育て、豊かな収穫を期待していたのだか（イザ五：一～七）、どれほど丹精して育てても、イスラエルというぶどうの木は酸っぱい実しか結ばず、ヤハウェは苦い落胆を味わわねばならなかった（エレ二：二一）。③このように、旧約時代には選ばれた民のシンボルであったぶどうの木は、新約時代になっ

てからは、メシアを表わすシンボルとなる。しかもそのメシアとは、キリスト教徒たちにとって、イスラエルの民のみならず人類全体の贖いを体現すべき救世主である。イエスは、自分はぶどうの幹であり、父である神がぶどう作りの農夫である、と宣言する。そして、すべての人間の魂は実を結ぶべきぶどうの枝である（ヨハ一五：一～五）。④ぶどうの実からできるぶどう酒は、聖体の秘義によれば、新しい契約の血である。つまり、ぶどう酒はぶどうの幹であるキリストの血なのである。⑤ぶどうの木を植えたぶどう園は、天の国のシンボルである。「ぶどう園の農夫たち」のたとえ話では（マタ二一：三三～四四、マコ一二：一～一二、ルカ二〇：九～一九）、主人が息子にぶどう園の様子を見に行かせるが、息子は、その前に行かせたすべての僕たちと同じく、ぶどう園で働く農夫たちに殺されてしまう。主人は人殺しの農夫たちを罰し、ぶどう園をよその農夫たちに委ねることにする。このたとえは次のような意味である。父なる神は子をこの世に送った。しかし、選ばれた民は彼が神の子であることを認めなかった。それ以来、天の国（主のぶどう園）はあらゆる国の民に解放されたのである。→ぶどう酒

ぶどうの収穫　vendange

小麦の刈り入れと同様、ぶどうの収穫も、最後の結末を意味する。旧約聖書であれ、新約聖書であれ、ぶどうの収穫は終末と最後の審判を表わす（ヨエ四：一三、イザ六三：二～三、黙一四一七～二〇、一九：一五）。審判者イエスは、搾り桶に入れたぶどうを踏んで、神の激しい怒りのぶどう酒を搾り出す。

ぶどうの実　raisin　→ぶどうの木

ぶどうの幹　cep

ぶどうの木やぶどう酒にまつわる比喩体系を踏まえつつ、イエスは「わたしはまことのぶどうの幹（新共同訳では「ぶどうの木」）である」と言う（ヨハ一五：一）。父なる神がぶどう作りの農夫であり、ぶど

うの枝は兄弟である人間たちを表わす。実を結ばない枝は切り取って焼かれるが、キリストのうちにとどまる枝は豊かに実を結ぶ。このぶどうの幹と枝のたとえによって、イエスは、父なる神と自分と人間たち、この三者をひとつに結びつける関係を言い表わしている――「人がわたしにつながっており、わたしもそのひとにつながっていれば、その人は豊かに実を結ぶ」（ヨハ一五：五）。ぶどうの幹と実を結ぶ枝は、教会の理想的表象となる。→**四肢**

ふところ　sein　→**胸**

船　navire
①キリスト教徒にとって、船は教会を表わす。教会は、この世の嵐を乗り越え、誘惑という暗礁を避けて、信者たちを無事に救いという港へと運ぶ船なのである。→**錨**、**舵**、**魚**③、**帆**、**帆柱**、**港**　②教会の形象としての船は、旧約聖書におけるノアの箱舟をモデルとしている。ノアの箱舟は、救われるべきすべての生き物を乗せた（創七、八：一～一九）。③「教会」の小単位となる個々の教会の建物もまた船であり、信者たちはひっくり返した船にほかならない身廊の下に集うべく招かれている。穹窿は船底であり、後陣は船首、正面は船尾である。→**身廊**　④福音書にも、船を舞台にしている場面がいくつかある。とりわけ、イエスが嵐を静めるエピソードは、迫害を受けて激しく動揺する教会の寓意的イメージを表わしている。そんな教会を、キリストが静かに見守っている（マタ八：二三～二七、マコ四：三五～四一、ルカ八：二二～二五）。→**教会**

篩《ふるい》　tamis　→**箕**《み》

ブロンズ　airain　→**青銅**

壁龕《へきがん》　niche

壁龕は、構造上、球と立方体の象徴的要素を併せ持つ。それゆえ、壁龕を感覚界から英知界への上昇の象徴と見なすこともできるし、また逆に、英知界から感覚界への降下の象徴と見なすこともできる。後者の場合は、受肉のシンボルとなる。→**教会、円天井**

臍　nombril

①アダムとエバを描く際、画家によっては、臍をあえて描かない場合があるが、それは、神が最初の人間たちを土から造ったという聖書の記述に忠実であろうとしたためである。アダムとエバの子孫たちは皆、ひとりの母親から生まれることになったが、彼ら自身はそうではなかったのだ。②ギリシア語の omphalos は「大地の臍」すなわち「世界の中心」を意味するが、ヘブライの民にとって、それはエルサレム神殿の律法の石板を納めた契約の箱が載っている石のことであった。イエスこそ律法の成就であると考えるキリスト教徒にとって、大地の臍（世界の中心）とは、死んだキリストが納められ、またそこから蘇った聖墓の石のことである（マタ二七：五七～六一、マコ一五：四二～四七、ルカ二三：五〇～五五、ヨハ一九：三八～四二）。

蛇　serpent

①蛇は、体がくねくねと曲がることから、へつらい、陰険、裏切りの象徴となる。毒牙を持つために、蛇は暗殺者のように恐れられる。エデンの園では、蛇はずるがしこい誘惑者であり、最初の人間たちをまんまと罪に陥れ、彼らを失墜させた（創三）。②約束の地をめざして荒れ野を歩むヘブライの民は、神に背く罪を犯したために、炎の蛇に襲われる羽目となった。ヤハウェの命に従い、モーセは、それらの蛇を撃退するために、青銅の蛇を造って、旗竿の先に掲げた。蛇にかまれても、その青銅の蛇を

仰ぐと、命をとりとめることができたのである（民二一：四〜九）。→青銅　③邪悪な蛇の敵である、この慈悲深い青銅の蛇は、ニコデモとの会話でイエス自身がほのめかしたように、十字架にかかった救い主キリストの予示である（ヨハ三：一四〜一五）。このように、蛇は両義的なシンボルとなる。つまり、悪魔のイメージともなれば、キリストのイメージともなるし、また、悪を象徴することもあれば、神の知恵のシンボルともなる。④キリストが蛇を打ちのめしたり、槍で刺したりする戦士姿で描かれている場合には、そうした曖昧さはすっかり消える。蛇は明らかに敵であり、悪の力を表わす。「黙示録」の謎めいた節（黙一二）に基づく図像に描かれているような、聖母マリアに踏みつけられたり、聖ミカエルによって打ち倒されたりしている蛇竜の場合も同様である。

ペリカン　pélican

磔刑図では、十字架のてっぺん、罪状書きの上に、鳥の巣と一羽の雄のペリカンが描かれている場合がある。その雄のペリカンは、嘴で自分の胸を突っついて血を流し、その血を自分の雛たち——彼らは母親に押しつぶされて死にかかっている——に飲まして、その命をとりとめようとしているのだ。このペリカンは、人類を救うためにみずからを犠牲にするキリストの表象である。→されこうべ、血、不死鳥

ヘルマプロディトス　hermaphrodite　→アンドロギュノス

ペン　plume

インク壺に入れたり、手で持ったりしているところを描かれているペンは、文章家の標章である。たとえば、福音書記者、手紙作者、教会博士。

ペンチ　tenailles　→釘抜き

帆　voile

帆柱と帆桁にかけられる帆は、十字架にかけられたキリストを表わす。帆が船を、荒波を越えて、目的地に導くように、十字架にかけられたキリストは、彼の教会を救いへと導く。

棒　baguette

①杖よりも細く小さな棒は、物理的な武器ではなく、精神的な武器であり、しかも、それ自体の力ではなく、神自身から伝えられた力を保持する武器である。→**笏**　ヤハウェの命で、モーセが岩を棒で打つと、そこから水が湧き出した（出一七：一～七、民二〇：一～一三）。②棒は透視と選びの道具である。モーセは、神に命じられた通りに、臨在の幕屋にイスラエルの民の父祖の家の数だけ棒〔新共同訳では「杖」〕を置いた。それらの棒のうち、アロンの棒（枝）だけに花が咲いたが、それは祭司職がアロンとレビ人に委ねられていることを示す（民一七：一六～二四）。外典福音書には、マリアの夫選びにまつわる同じような話が出てくる。大祭司がすべての求婚者を集め、それぞれに棒を持って来させたが、ヨセフの棒（枝）だけに花が咲いた。

帽子　chapeau

暗喩的に「帽子」と言う場合、枢機卿の威光を示している。枢機卿は、左右に結び紐が垂れている紫色の広い帽子をかぶっている。→**三重冠、ミトラ**

法典　livre　→本

牧杖　houlette

①羊の群れを率いるのに羊飼いが持つ杖である牧杖は、良い羊飼いであるキリストの標章である。②《キリスト降誕》の羊飼いたちも牧杖を持つ。→**笏、笏杖、巡礼杖、杖**

牧草地　pâturage →牧場

星　étoile

①天地創造の四日目に天空に散りばめられた星は、月とともに、夜を照らす天体である(創一：一四～一八)。あらゆる光のシンボルと同様、星もまた、神性や神意を表わす(詩一九：二～三、バル三：三四～三六、イザ四〇：二六)。義人たちは、永遠の命に蘇り、天空の星のように輝く(ダニ一二：二～三)。②預言者たちが告げるメシアは、新しい星、「ヤコブから出た星」として思い描かれる(民二四：一七)。東方の三博士はその星を見分け、それに従って、ベツレヘムまでやって来た(マタ二：九～一〇)。この奇跡の天体の出現は、神の子の到来のしるしである。そのうえ、「黙示録」によれば、キリスト自身が星――「輝く明けの明星」――である(黙二二：一六)。キリストは、右手に七つの星を持つが、その星は怒りの日に地上に落とされる(黙一：一六～二〇、二：三、六：一二～一七)。③星のイメージは、聖母マリアにも用いられる。伝承では「黙示録」の「女」は聖母だとされるが、彼女は一二の星の冠をかぶっている(黙一二：一～六)。「連禱」では、光と水の象徴性を組み合わせ、聖母マリアを「海の星」と言う。ビザンチンおよびゴチックの図像では、聖母の額と肩の上に三つの星が輝いているが、それらの星は、キリスト降誕の以前、今、以後にわたって、つまりは永遠に、マリアが処女であることを象徴する。マリアの最初の二文字であるMとAを重ねると、六角星になる。④さまざまなタイプの星が幾何学的に分類されるが、それは、ひとつの星の角の数によって、また複数の星が構成する図形によって、決まる。(a)四角星はキリストの十字架をかたどる。(b)五角星は「光を放つ星」と言われるが、見かけ上の幾何学的制約を離れて、光が四方に飛び散る印象を与えることから、神秘的秩序と完全性を象徴する。その形は、四肢を放射状に広げた人間――頭をまっすぐ立て、両腕を水平より

やや上に挙げて伸ばし、両足を大きく開く——を思わせる。→五（c）「ダビデの星」あるいは「ソロモンのしるし」と言われる六角星は、ふたつの正三角形を上下さかさまに重ねたものである。六角星はユダヤ教の紋章である。対立を融合し、統合するこの二重の構成は、精神と物質の統一を表わす。→六（d）ふたつの正方形を角度をずらして重ねる八角星は、正方形および四の数の象徴性を分有するとともに、八つの頂点を結んでできる円の象徴性をも分かち持つ。

ホスチア　hostie

ミサ（聖餐式）で、パンはホスチア〔ホスチアは、もともと聖体として聖別されたパンとぶどう酒の両方を意味していたが、しだいにパンだけがホスチアと呼ばれるようになった〕として分かち与えられる。種なしパンのガレットであるホスチアは、秘義によれば、犠牲となったキリストの体である。「ホスチア」とは「犠牲」を意味する。**→種なしパン、パテナ、パン種**

炎　flamme　→火

帆柱　mât

木の幹から造る帆柱は、木にまつわるあらゆるキリスト教的象徴性と結びつく。帆柱と帆柱に水平にかかる帆桁とが、文字通りに十字をかたどることから、その象徴性はさらに強まる。航海に関わる他の表象と同様、帆柱もキリストを表わすシンボルである。**→網、錨、舵、小舟、身廊、舵柄《だへい》、船、帆**

洞穴　caverne　→洞窟

本　livre

①ユダヤ教、イスラム教とともに、キリスト教は三大法典宗教のひとつである。キリスト教では、本（法典）として、旧約聖書となったヘブライのトーラーに、新約聖書とされる福音書が加わる。②全能の

支配者であるキリストは、左手に御言葉の本を開いたまま持っている姿で描かれるが、この本の開かれた頁には、しばしば、福音書の一節ないしAとΩ（アルファとオメガ）の文字が書かれている。③聖人の図像で、本を手にしているのは、聖典の作者であることを示している。預言者、福音書記者、教会博士、あるいは修道会の創設者ないし修道会規則起草者など。↓**フィラクテリウム**

牧場　pâturage

キリストが羊たちを連れてゆく緑の牧場は、ヤハウェがヘブライの民に示した約束の地の彼方にある。それは永遠の命を表わす——「わたしが来たのは、羊が命を受けるため、しかも豊かに受けるためである」（ヨハ一〇：一〇）。→**羊飼い、羊の群れ**

巻物　rouleau

神の母であるマリアの膝の上に座る幼子イエスは、右手で人びとを祝福し、左手に羊皮紙の巻物を持つ。その巻物は紐で閉じてあるが、その紐の結び目はキリストの銘をかたどっている。この巻物は、イエスがロゴス（神の言葉）であることのしるしである。→**キリストの銘**

幕　rideau

①遊牧生活を送るヘブライの民が荒れ野に最初に建てた神殿は「臨在の幕屋」である。その幕屋では、垂れ幕で仕切られた部屋が順に奥へと連なっている。その一番奥の部屋である至聖所には、契約の箱が納められている（出二六：三一～三七）。石で造られたソロモンの神殿、またヘロデ大王の神殿でも、聖域を画するのに垂れ幕が用いられた。→**柵、テント**　②イエスが十字架上で息絶えたとき、神殿の垂れ幕が真っ二つに裂けた（マタ二七：五一、マコ一五：三八、ルカ二三：四五）。聖パウロの解釈（ヘブ九：

一二、一〇：二〇）に従い、キリスト教では、神殿の垂れ幕が裂けたことを、モーセが創始した祭式に基づく律法の時代が終わり、キリストを開祖とする新しいメシアの聖堂が出現したことのしるしであるとする。→神殿、引き裂くこと

幕屋　tabernacle　→聖櫃

町　ville

①集団的居住地である町は、農耕あるいは手工業が遊牧に取ってかわることによって、人びとが一ヵ所に定住するようになった結果として生まれた。「創世記」によれば（創四：一七）、最初の町（エノク）の創設者はカインである。②遊牧民の野営地は円形に作られるのに対して、町は方形をしている。円形は動性のシンボルであり、方形は不動性のシンボルである。円形をしている地上の楽園に対して、天のエルサレムは方形である。救済史とは、原初のエデンへの回帰ではなく、地上のエルサレムが次第にその理想の写しである天のエルサレムへと向かっていく過程なのである。天のエルサレムは、地上世界を表わす数である四にまつわる象徴性を保持し続けているが、その一方で、神性を示す数字である三の象徴性をも併せ持つ。たとえば、この町の四つの城壁にはそれぞれ三つの門がある（黙二一：一二～一三）。「黙示録」では（黙一七：一七～二一）、退廃したローマを暗に指す「新しいバビロン」が、天のエルサレムと対比されて論じられるが、この暗喩は、人間が造った町の退廃を糾弾する一方で、天の国の到来とともに、そのような町も救いに招かれていることを示している。③キリスト教におけるふたつの聖なる町とは、キリストが生まれたベツレヘムと、彼が死に、そして蘇ったエルサレムである。

松かさ　pomme de pin

バッカス神の巫女たちは、バッカス神を称えるテュルソスを持つ。テュルソスとは、蔦やぶどうの蔓

を巻き、先に松かさをつけた杖のことである。この酒神と男根のシンボルは、豊饒と再生を意味していた。このように、異教世界に起源を持つ松かさとテュルソスは、キリスト教のシンボル体系に移されることによって、キリストの稔り豊かな受肉を表わすようになった。

窓　fenêtre

①門は、ひとがそこを潜り抜けて、他所へと、彼方へと、向かう通過点である。それに対して、窓は、ひとが通り抜けることはできず、ただそれを通して遠くを見るだけである。窓はまた、空気を、そして何よりも光を、室内に入れる機能を持つ。こうした窓の機能は、エルサレムの神殿では象徴的意味を持つ。実際、この神殿には三つの窓があり、それぞれ、東と南と西を向いている（王上六：四）。②図像では、たとえば《受胎告知》のような室内風景で、しばしば窓が描かれ、その窓越しに広大な風景が広がっているが、それはキリストの到来という出来事の宇宙的性格を表わしている。③丸い窓は天上的眼差しを、四角の窓は地上的眼差しを、それぞれ表わしている。→円、正方形、薔薇窓

マナ　manne

①荒れ野をさまよう四〇年間、ヘブライの民は、マナの奇跡に恵まれた。マナとは、定期的に霜のように地上に降る食べ物のことである（出一六、民一一）。この食べ物の謎めいた性格は、マナという名前からもうかがえる（マナとは「それは何か？」という意味である）。聖書の伝統では、マナを、天からの小麦粉〔新共同訳では「天の穀物」〕（詩七八：二四）、天のパン（詩一〇五：四〇）、あるいは天使の食べ物〔新共同訳では「天のパン」〕（知一六：二〇）などと形容している。②キリスト教の伝統では、「出エジプト記」に出てくるマナを、新しいマナ、つまりロゴスであるキリストが恵んでくださる食べ物の予示であるとする。事実、聖体の秘跡を通じて、キリストは、われわれ人類に、命のパンを残して

くれたのである（ヨハ六：三一〜三五）。↓パン

円天井　coupole

教会建築で、十字交差部（翼廊）の上に載る円天井は半球形をしており、象徴的に英知界を表わす。穹窿と同様、円天井は教会の天上である。↓円柱、球、穹窿《きゅうりゅう》

マント　pèlerine　↓外套

マンドルラ　mandorle

アーモンドの形をした大きな後光であるマンドルラ（ラテン語で「アーモンド」を表わすamandola がイタリア語でmandorlaに変わった）は、キリストの像を光輪で包む。マンドルラは、受肉した御言葉である神の子キリストに宿るまばゆいばかりの栄光を示す。↓後光

箕《み》　van

篩《ふるい》と同じように、箕（麦を籾殻《もみがら》や不純物から選り分ける道具）は、良いものと悪いものとの選別の表象である。洗礼者ヨハネは、メシアの到来を告げ、そのメシアは手に箕を持って麦を選り分け、籾殻を火で焼き払うと言う（ルカ三：一七）。このように、箕は最後の審判のシンボルとなる。↓毒麦

右と左　droite/gauche

①他の多くの伝統におけると同様、ユダヤ・キリスト教の伝統でも、右と左は象徴的に対比され、右は良いほうとされ、左は悪いほうとされる。右は人間の守護者である神の方向である（詩一〇九：三一、一二一：五、一四二：五）。イザヤは「主は輝く御腕をモーセの右に伴わせ、海をふたつに分けた」と言う（イザ六三：一二）。良い知らせをもたらす使者はつねに右手からやってくる。ザカリアのもとを訪れ、彼の妻が男の子を生むだろうと告げた天使も、右手から現われた（ルカ一：一一）。こう

した伝統に従って、《受胎告知》の画家たちは、天使ガブリエルを画面の左手に——つまりはマリアの右手からやってくるところを——描く。時の終わりの最後の審判で、選ばれた者たちは審判者キリストの右に、断罪された者たちは左に、それぞれ置かれる（マタ二五：三三～四六）。贖い主キリストの右手は祝福の手であり、左手は呪いの手である。→手、指 ②中世の伝承によれば、両性を具有していたアダムは創造主によってふたつに分けられ、右半分は男に、左半分は女になった。「雅歌」の乙女の語る言葉は、若者が彼女を男として抱くときですら、両性具有者として男女が一体であった過去の記憶をとどめていることをほのめかしているようだ——「あの人の左の腕をわたしの頭の下に伸べ／右の腕でわたしを抱いてくだされればよいのに」（雅二：六、八：三）。

水 eau

①土、空気、火とともに四大のひとつである水は、人間が生きるのに不可欠である。水によって、ひとは自分と家畜の渇きを癒し、体を洗い、田畑を潤す。水は命のシンボルであり、また再生と浄化のしるしである。地上の楽園には清流が流れ、土を潤していた（創二：一〇～一三）。荒れ野では、ホレブの岩から泉が湧き出した（出一七：一～七、民二〇：一一）。ヤハウェは、春の雨（ホセ六：三）に喩えられ、また百合の花を咲かせレバノン杉を根付かせる露（ホセ一四：六）に喩えられる。一方、神の言葉を聞く者は、水辺に植えられたアロエに喩えられる（民二四：六）。このように、水は神の知恵を表わす（ヨブ二八：二五～二六、箴三：二〇、八：二二～二九、シラ一：二～四）。鹿がきれいに澄んだ水を求めるように、魂は神を求める（詩四二：二～三）。ヤハウェに背くことは、自分の土地を荒れ野にすることである（エレ一八：一六）。②しかし、大洪水の話が示すように（創六：五～二二、七：八）、水は神の呪いの武器ともなる。この水による神の呪いは、選ばれた民の敵にくだされる場合には、むしろ祝福となる。たとえば、

モーセとその民を無事通過させたあとで、海はファラオの戦車と騎兵を呑み込んでしまった（出一四：一五～三一）。③キリストは、サマリアの女との会話で、自分は永遠の命に至る水であると言い（ヨハ四：一〇～一四、七：三七～三八）、またニコデモには、洗礼者ヨハネの言葉（ヨハ一：三三～三四）を受けて、「だれでも水と霊とによって生まれなければ、神の国に入ることはできない」と言う（ヨハ三：五）。十字架上で死に絶えたイエスの脇腹を兵士が槍で刺すと、血と水が流れ出たが（ヨハ一九：三四）、この血と水は、神を信ずる者に与えられたふたつのしるし、すなわち聖体の生け贄のしるし、そして聖霊による洗礼のしるしにほかならない。→槍 ④典礼および秘儀の伝統において、とりわけ洗礼の儀式では、水のシンボルは非常に重要な役割を果たす。洗礼には、教会により全身を水に浸す浸礼の場合と頭部に水を注ぐ滴礼の場合とがあるが、いずれも新たな誕生を意味する。洗礼を受ける者は、聖霊の水によって洗われることで、新しい命を受けるのである。ひとが手の指につけて十字を切ったり、祝福したりする聖水も同じ意味を持つ。

水がめ　jarre

パンが一〇〇〇倍にも増えたパン籠と「カナの婚礼」（ヨハ二：一～一二）で水がぶどう酒に変わった水がめは、パテナとカリスの予示である。パテナとカリスには聖体の秘跡の形色であるパンとぶどう酒が入っており、そのパンとぶどう酒はイエス・キリストの体と血になるのだ。→カリス、パテナ、ホスチア

水時計　clepsydre

時間を計るのに水を用いる水時計は、砂時計と同じく、人間にみずからの死すべき運命を思い起こさせるが、それゆえにまた、信仰の道を通って永遠の命に入る希望をも呼び覚ます。

道　chemin

①もともと遊牧民であったイスラエルの民の文化では、道の観念はきわめて重要である。約束の地をめざしてのエジプト脱出（出六：八）、バビロニア捕囚、捕囚からの帰還、さらにはディアスポラ、こうした運命を味わった民にとって、新しい牧草地に至る道は聖なる性格を帯びることになる。②キリストの到来によって、その道は地上の道ではなくなる――「わたしは道であり、真理であり、命である」（ヨハ一四：六）。キリストは父なる神に至る道なのである。

密雲　nuée

①ヤハウェは、人間にとって絶対他者ではあるが、その民に定期的に姿を現わしては、彼らに自分の意志を告げたり、救いの手を差し伸べたりする。「出エジプト記」には、（夜を赤々と照らす火の柱に対して、昼の空を暗くする）密雲の柱が現われ、イスラエルの民を追ってきたファラオの軍隊から守ったり、荒れ野を行く彼らを導いたりする（出一三：二一、一六：一〇、一九：一六、二四：一六）。旧約聖書では、密雲は神が顕現する典型的な形である（レビ一六：二、王上八：一〇〜一一、詩一八：一二、九七：二、一〇四：三、イザ一九：一、エレ四：一三、エゼ一：四、Ⅱマカ二：八）。②新約聖書では、天使ガブリエルがマリアに「いと高き方があなたをその陰で包む（新共同訳では「いと高き方の力があなたを包む」）」と言う（ルカ一：三五）。イエスは、昇天のとき、密雲に包まれて使徒たちの目からその姿を隠したが、「人の子」は、おおいなる力と栄光を帯び、天の雲に乗って、ふたたび戻ってくるだろう（マタ二四：三〇、黙一：七、一四：一四）。→雲

ミツバチ　abeille

ミツバチは勤勉と共同生活への適応性を表わす。ミツバチは救い主キリストの表象である。ミツバチ

がつくりだす蜂蜜がキリストの優しさと慈愛を示すからである。ミツバチはまた、審判者キリストを表わす。ミツバチの針に含まれる毒が神の正義の厳しさを示すからである。さらにミツバチは、世の光キリストを表わす。ミツバチの分泌する蜜蠟がロウソクを作る原料となるからである。ミツバチの知恵は神の知恵の片鱗であるとされる。→蜂蜜、蜜蝋

蜜蝋　cire

勤勉で賢いミツバチが分泌する蜜蠟は、ろうそくを作る原料となる。蜜蠟は、肉色をしていることから、神の光を担うキリストの人間性を象徴する。→ミツバチ

ミトラ　mitre

司教の権威を象徴する被り物であるミトラは、笏杖とともに、司教が身につける持ち物である。→紫③

緑　vert

①寒色である青と暖色である黄色の中間にある緑は、中庸を保ち、穏やかで、みずみずしく、安心感を与える色である。緑は、四大のひとつである水を象徴し、また植物界を代表する。緑は、すべてがふたたび緑になる季節、春を思わせる。緑はまた、エッサイの木の株から生えた若枝であるキリストを表わす。十字架の枯れた木は新しい命を受けて緑の木となった。②緑は、三対神徳のひとつである望徳のシンボルである。→赤①、エメラルド、白③

港　port

嵐のあとにたどり着く平和の停泊地である港は、永遠の平和が支配する神の国を象徴する。→錨、船

耳　oreille

①聴覚器官である耳は、神の言葉を聞き取る。イエスが逮捕されたとき、シモン・ペトロは大祭司の

手下であるマルコスの右耳を剣で切り落とした（ヨハ一八：一〇～一一）。マルコスには神の呼び声が聞こえないとしても、右耳は福音を聞く耳である。そこでイエスは、ペトロが切りつけた男の耳に手を触れて癒した（ルカ二二：五一）。たとえ真理の敵であれ、誰でも聞く耳を持たねばならない（マコ四：二三）。②マリアはいかにして聖霊によって身ごもったのか。このことに関して、御言葉がマリアの耳から入ったという仮説が古い伝承に見られる。キリスト教の秘義に物理的説明を与えようとするこの解釈は、しかしその背後に、教会法にも適うもうひとつ別の解釈をひそませている。つまり、マリアは、彼女の耳に届いた神の言葉にひたすら従うことによって聖霊を受け、神の子を宿したということである（ルカ一：三五）。**→剣②**

都　ville, cité　**→町**

ミルク　lait　**→乳**

ミルト　myrte

①ヴィーナスの標章でもあるミルトは、キリスト教では、永遠の愛、神の愛を表わし、世俗の愛を表わすなでしこと対比される。**→なでしこ**　②新しいエルサレムが出現するとき、ミルトはイラクサ〔新共同訳では「おどろ」〕に打ち勝つだろう（イザ五五：一三）。

ミルラ　myrrhe　**→没薬**

ミント　menthe　**→薄荷《はっか》**

麦　blé　**→小麦**

虫　ver　**→蛆**

結び目　nœud

①結合のシンボルである結び目は、拘束関係を意味することもあるが、反対に、安心・安全を約束する関係をも意味する。結び目は男女の結婚や神との契約を表わすが、それには恩恵と義務が等しく伴う。②フランシスコ会（コルドリエ会〔帯の代わりに縄（corde）を締めることから、コルドリエ（Cordelier）と言われる〕ともいう）修道士が帯代わりに締める縄には三つの結び目があるが、この三つの結び目は、三つの修道誓願（貞潔、清貧、従順）を表わす。→**石臼、帯、軛③、塔②、縄**

鞭　fouet

①懲罰の道具である鞭は、福音書の相矛盾するふたつの象徴的エピソードに登場する。そのひとつでは、キリストは審判者となり、他方では、無実の罪の犠牲となる。まず、キリストは縄をとって鞭を作り、商人たちを神殿の境内から追い出した。境内で商売することは神を冒瀆する行為なのだ（マタ二一：一二～一三、マコ一一：一五～一八、ルカ一九：四五～四六、ヨハ二：一四～一七）。のちに、十字架にかけられるまえ、イエスは、ピラトの命で、鞭打たれる（マタ二七：二六、マコ一五：一五、ヨハ一九：一）。鞭、円柱、そして罪人を縛る縄は、受難具の一部である。②中世には、鞭打苦行の運動が広まった。悔悛者たちが、罪障滅却のために、またキリストの受難を記念して、集団で自分の体を鞭打つのである。

胸（乳房、ふところ）　sein

①胸は、このうえなく優しい母のシンボルである。乳を与えている聖母あるいは幼子イエスに乳を与えるために一方の乳房を出している聖母の姿は、単に親子の親密さや無私の愛を物語るだけではない。マリアが惜しみなく与える乳は、教会が豊かに与える真の教義を表わしている。→**乳**　②「アダムのふところに受け入れられる〔新共同訳では「アダムのすぐそばに連れて行かれる」〕」（ルカ一六：二二）とは「あ

の世で義人の休息を味わう」ということである。「ヨハネによる福音書」のプロローグは次の一節で終わっている――「いまだかつて、神を見た者はいない。父のふところにいる独り子である神、この方が神を示されたのである」（ヨハ一：一八）。③自分のふたつの乳房を載せた盆を持っているところを描かれる聖女は、釘抜きで乳房を引きちぎられて殉教したアガタである。→**釘抜き**

胸当て　cuirasse

胸と心臓を保護する胸当ては、正義の寓意の標章のひとつである――「正しき主は正義の胸当てを着ける」（知五：一八、イザ五九：一七、エフェ六：一四）。→**兜、剣、楯**

紫　violet

①赤と青を混ぜ合わせて作る紫は、情熱と理知、愛と知恵を同時に表わす。紫は、四枢要徳のひとつである節制の色である。②死から生へと向かう春の色である緑に対して、紫は生から死に向かう秋の色、喪の色である。受難の際、イエスは紫の服を着せられた。それゆえ、紫は聖金曜日の色とされる。③紫は司教の着る法衣の色であり、司教の威厳を表わす。→**笏杖、ミトラ**

紫水晶　améthyste　→**アメジスト**

群れ　troupeau　→**羊の群れ**

目　œil, yeux

①すべてを完全に見抜く眼差しとすべてを完全に知る知識とを象徴する目は、遍在する神のシンボルである。正三角形のなかに描かれた目は、神の三位一体を表わす。→**光背②**　②肉体のともし火であり、魂の門である目は、象徴的に、人間を神の光へと高める（マタ六：二二、ルカ一一：三四～三五）。それゆえ、生まれつきの盲人が癒される話は、彼が光り輝く神の恩寵に奇跡的に触れたことを意味する

（ヨハ九）。→やぶにらみ　③中世絵画に目隠しされた女が描かれている場合、その女はイエスがメシアであることを見抜くことができないユダヤ教徒を表わす。→目隠し布　④皿の上に自分の両目を載せている聖女はルキアである。彼女は、キリスト教信仰を守り通したために、懲罰として両目をくりぬかれたのである。

芽　surgeon, rejeton　→若枝

迷宮　labyrinthe

①迷宮は、怪獣ミノタウロスを閉じ込めるためにクノッソスに作られた神話上の幽閉所である（この怪獣は、結局、英雄テセウスによって殺される）。一度入れば出口が分からなくなるほどに迷路を張り巡らしたこの迷宮は、キリスト教の伝承では、救いに至るまでにたどらねばならない道を象徴する。その道程にはさまざまな苦難が待ち受けている。信者はためらい、進み、後戻りし、道に迷う。そのような紆余曲折を経て、ようやく救いに至る道を見出すことができる。②迷宮はまた、サンティアゴ・デ・コンポステラ、ローマ、あるいはエルサレムへの巡礼のシンボルである。

雌牛　vache

乳を出す雌牛は、恵みのシンボルである。ファラオは七頭の痩せた雌牛が七頭の肥えた雌牛を食らい尽くしてしまう夢を見たが、この夢をヨセフは、豊作が七年続いたのちに、飢饉が七年続くことだと解釈した（創四一：一〜三六）。

目隠し布　bandeau

①目隠し布は、失明としての盲目ではなく、無知としての盲目を表わす。「辱め」の場面では、キリストは目隠しをされる。イエスを逮捕した男たちは、彼に目隠しをして殴ったうえで、殴ったのは誰

か言い当ててみろ、と尋ねる。この酷い遊びは、ナザレ人イエスを偽預言者として嘲るものである（ルカ二二：六三）。そのため、目隠し布も受難具のひとつとされる。②中世の図像で、目隠しをされた女が描かれている場合、その女はイエスがメシアであることを見抜けないユダヤ教徒を表わしており、それを見抜いたキリスト教会と対比される。→目③

盲　aveugle　→盲目

雌鹿　biche　→雄鹿

雌羊　brebis　→羊

雌山羊　chèvre

最後の審判で断罪される者たちを象徴する山羊（マタ二五：三二〜三三）は、雄山羊として描かれるのが普通だが、雌山羊の場合もある。

雌鶏　poule

ひと孵りの雛をかかえる雌鶏は、教会を表わす。キリストがエルサレムに向かって「雌鶏が雛を羽の下に集めるように、わたしはお前の子らを何度集めようとしたことか」と語りかけたように（ルカ一三：三四）、母なる教会は子である信者たちをその羽の下に集めて大切に守る。

猛火　fournaise

①浄めることができなかったあらゆるものを焼き尽す地獄の猛火は、ヤハウェの敵対者に向けられる。「主よ、あなたの裁きの日には、彼らは猛火に包まれ〔新共同訳では「燃える炉に投げ込まれ」〕、ヤハウェの怒りに投げ込まれ、その炎に呑み込まれるでしょう」（詩二一：一〇）。キリストもまた、時の終わりに不義の者たちを罰する火について語っている——「〔天使たちは〕彼らを燃え盛る火のなかに投げ入

れるだろう。そこで彼らは泣きわめいて歯ぎしりするだろう」（マタ一三：四二）。②しかし猛火は、つねに神の正しき怒りを表わすとは限らず、人間の悪意の仕業のこともある。たとえば、ネブカドネツァル王は命を下し、シャドラク、メシャク、アベド・ネゴを燃え盛る火のなかに投げ込ませた。だが、この人間が起こした猛火は、ヤハウェの恵みの賛歌を唱える三人のユダヤ人を焼くことはできなかった（ダニ三：一九〜三〇）。

盲目　aveugle

ヘブライの伝統では、盲目は個人的ないし遺伝的な罪に対する神の呪いだとされ、神の光を失った盲人は罪人と見なされていた。それゆえ、キリストが盲人を癒すのは、ひとつの浄めの儀式（唾と泥と水を用いる）なのであり、そしてこの儀式は、罪の呪いから人間を解放する洗礼の予示にほかならない（ヨハ九）。→唾　盲人が盲人の道案内をして、ともに穴に落ちてしまうというたとえ話（マタ一五：一四、ルカ六：三九）は、神の光を奪われた人間が自力で救いに到達することの不可能性を表わす。

→目

没薬　myrrhe

よい香りのする樹脂である没薬は、遺体に防腐処置を施すためによく用いられたが、生きた人間が香水として使うこともあった。それは貴重な品であり、格別の贈り物であった。没薬は、黄金、香〔新共同訳では「乳香」〕とともに、幼子キリストを拝みに東方からやってきた三博士たちが捧げた三つの贈り物のひとつである（マタ二：一一）。ベツレヘムで幼子キリストに捧げられたその没薬は、イエスが人間であることを示すとともに、彼の受難を予告するという役割を果たしている。キリスト埋葬のとき、イエスを墓に納めるに先立って、その遺体に防腐処置を施すために、没薬とアロエ〔新共同訳

では「沈香」）を混ぜたものをニコデモが持ってきた（ヨハ一九：三九）。→香

門（戸） porte

①開いているにせよ、閉じているにせよ、門は他の場所への通過点である（通れる場合もあれば、通れない場合もある）。究極の門は天の門であり、それを越えれば、人間は「いと高き方」と親密な関係を結ぶことができる。最初の人間であるアダムとエバは、神に逆らったために、この親密な関係を失ってしまった。不幸にも彼らは、きらめく剣によって追い立てられ、エデンの園の門から出なければならなかった。②旧約聖書には、天の門が開いて、その開いた門から神が恵みや怒りを示すという場面が頻繁に出てくる（創一八：一七、詩七八：二三、一一八：一九〜一〇、マラ三：一〇）。新しいエルサレムの門はいつか大きく開かれて、ヤハウェに仕える国々を受け入れるだろう（イザ六〇：一一）。③キリストは人びとの家の戸口まで来ており（マコ一三：二九）、すぐにもその戸を叩くだろう。彼はいつでも、彼の声を聞いて、戸を開いてくれる人とともに食事をしたいと願っているのだ（黙三：二〇）。そればかりか、キリストは自分自身が門なのだと言う――「わたしを通って入る者は救われる」（ヨハ一〇：九）。キリストであるこの門とは、父の家に入る門である。しかし、その門は狭く、入ろうとしても入れない人が多い（マタ七：一三〜一四、ルカ一三：二四）。とりわけ、金持ちはこの門を入ることができない（マタ一九：二四）。神に見離された者たちには、もうひとつの門が用意されている。それは地獄の門であり、その鍵はキリストが握っている（マタ一六：一八、黙三：七）。④「連禱」では、聖母マリアは「閉じられた門」――「エゼキエル書」の記述から（エゼ四四：一〜三）――あるいは「天の門」――「創世記」の記述から（創二八：一七）――と呼ばれるが、それは、カトリック教会が認める「共同贖い主」としての彼女の役割をはっきり示すためである。→鍵、神殿④

矢 flèche

聖セバスティアヌスは、柱に縛りつけられ、何本もの矢で射られたところを描かれる。しかし、それは彼の最初の殉教であって、矢の傷は聖女イレネの介抱で治癒する。その後、最後の殉教を迎えて、命果てることになる。

山羊 chèvre, bouc →雄山羊、雌山羊

やぶにらみ strabisme

やぶにらみは狂気のしるしであるが、また欺瞞のしるしでもある。真っ直ぐな視線を持つ賢者や義人に対して、悪魔はやぶにらみであり、その視線は邪悪さを表わす。

山 montagne

①大地が天に向かって盛り上がってできた山は、人が神と出会ったり、あるいは神が現臨したり接近したりする特権的場所である。アブラハムは、ヤハウェの命に従い、ある山の頂きに登り、息子イサクを生け贄に捧げようとする。この山は、伝承では、のちにエルサレムの神殿が建てられることになる丘だとされる（創二二：二）。モーセはシナイ山の頂きで神から律法の石板を受け取る（出一九）。エリアは、カルメル山に登ることによって、干ばつを終わらせることができた（王上一八：四一～四五）。

神がエリアに現われたのも、ホレブ山の頂きであった（王上一九：九）。②新約聖書でも、旧約に出てきた山々に劣らず重要な意味を持つ、さまざまな山が登場する。「山上の説教」は八つの「幸い」（「……の人びとは、幸いである」）をかかげた新しい律法である（マタ五：一～一二）。イエスがその神性を現わす変容は、ある高い山の上で起きたが、伝承では、その山はタボル山だとされる（マコ九：二）。キリストはゴルゴタの丘の上で十字架にかけられた（マタ二七：三三、マコ一五：二二、ルカ二三：三三、ヨハ一九：一七）。キリストが昇天したのはオリーブ山の頂きからである（使一：一二）。山は、このように、神との契約の場であると同時に、救済史の舞台でもある。

闇　ténèbres

①天地創造のまえ、闇は深淵を覆い、地はまだ混沌としていた（創一：一～二）。→土　②キリストが十字架上で息絶えたとき、闇が全地を覆った（マタ二七：四五、マコ一五：三三、ルカ二三：四四）。世の光は消えたが、復活祭の夜明けとともに、ふたたび蘇るだろう。③キリスト教徒にとって、闇とは神の恩寵の光が失われたことを意味する――「闇に包まれないように、光のあるうちに歩きなさい。闇のなかを歩く者は、自分がどこに行くか分からない」（ヨハ一二：三五）。

槍　lance

槍は受難具のひとつである。死んだキリストの脇腹をある兵士が槍で突き刺すと、たちまち、血と水が流れ出た（ヨハ一九：三一～三七）。福音書記者ヨハネは、旧約聖書からふたつのテクストを引用することで、この事件の重要性を強調している――「その骨を折ってはならない」（出一二：四六、詩三四：二一）、そして「彼らは自分たちが刺し貫いた者を見つめるだろう」（ゼカ一二：一〇）。キリストの水と血を流す槍は、受難に関わる象徴体系のなかでも格別に重要な位置を占める。つまり槍は、犠牲の現実と霊の現われを証すとともに、ふたつの秘義的シンボル――洗礼を予示する水と聖体の秘跡を予示する血――が形成されるその発端にもなっている。→血、水

ユニコーン licorne →一角獣

指 doigts

祭司が祝福を与える際の右手の指の形は、各教会の祭式によって異なる。正教では、親指と薬指をくっつけ、他の三本を広げるが、その指の形はキリストの銘をかたどっている。すなわち、ギリシア語で「イエス・キリスト」を表わすIHCOYC XPICTOCの頭文字のIとX（イオタとキー）の形。ラテン式典礼では、薬指と小指は掌の上に折り曲げ、他の三本は広げるが、その指の形は三位一体を表わしている。→キリストの銘

指輪 anneau

①契約、誓願、約束、貞節を表わす指輪は、結婚のシンボルである。聖母マリアは指輪をはめているが、それは彼女が聖霊の花嫁（浄配）であり、神に愛される乙女だからである。②聖人の図像にも指輪が登場する。まず《アレクサンドリアの聖カタリナの神秘の結婚》では、この聖女がひざまずいて、聖母に抱かれた幼子イエスから結婚指輪を受け取っているところが描かれる。シエナの聖カテリナについても、同じような《神秘の結婚》図が描かれる。またアッシジの聖フランチェスコは、淑女「清貧」と結婚し、キリストを前にして、彼女の指に指輪をはめているところが描かれる。③教皇は、聖ペトロを記念して、「漁夫の指輪」をはめている。この指輪は印璽としても用いるが、教皇が死んだときには、拘束を解くしるしとして、破棄される。

弓　arc

①単純な基本形（弦と弧は幾何学用語にもなっている）をした武器である弓は、力強さと敏捷さを象徴する。異教神話の神々のように、ヤハウェも弓を持つが、それは霊的な弓であって、いともたやすく敵の弓を打ち破り（創四九：二二〜二五）、またヘブライの民の射手を勇気づける（ヨブ二九：二〇）。②《聖セバスティアヌスの殉教》には、柱に縛りつけられた裸の若者に矢を射掛ける射手たちが描かれる。→矢

百合　lys

①百合は、その白さゆえに、清らかさのシンボルとなる。またその美しさゆえに、卓越、秀逸のしるしとなる。「雅歌」の若者（最愛の人）は次のように歌う——「乙女たちのなかにいるわたしの恋人は／あざみ〔新共同訳では「茨」〕のなかに咲きいでた百合の花」（雅二：二）。あまたの国々のなかから神に選ばれたヘブライの民も、そんな百合の花のようである。②キリスト教の伝承でも、最愛の人キリストが聖母マリアに同じような賛辞を贈る。マリアこそ、イスラエルの乙女たちのなかから選ばれた貞潔の百合なのである。《受胎告知》では、天使ガブリエルがマリアを褒め称えて百合の花を捧げる。→白　③百合はまた、神の摂理に自分を委ね切ることを表わす寓意ともなる。神は各人に必要なものはすべて恵む。野の百合〔新共同訳では「野の花」〕は、働きもせず、紡ぎもしないのに、大きく育ち、しかも、栄華を極めたソロモン以上に美しく着飾っている（マタ六：二八）。④けがれなき生涯を送ったことで崇められる聖人たちは、百合を持った姿で描かれる。アッシジのクララとフランチェスコ、シエナのカテリナ、ヨセフ、ドミニクス、パドヴァのアントニオ、フランシスコ・ザビエル、フィリッポ・ネーリ……

夜明け　aube

①曙の燃えるような光に先立つ夜明けには、けがれなく澄みきった原初の朝を思わせるほの白い微光

が漂う〔「夜明け」を表わすフランス語のaubeは俗ラテン語のalba「白い」に由来する〕。②アルバという祭式服〔フランス語では「夜明け」と同じくaubeと言う〕は、清らかさのシンボルである純白ゆえに、そう呼ばれている。洗礼志願者および初聖体拝領者がそれを身につける。→さんざし、雪花石膏

翼廊　transept

教会の平面図は十字架の形をしている。左右に伸ばした両腕部分に相当するのが翼廊である。翼廊は、釘を打ち込まれたキリストの両手の位置を象徴的に示している。→後陣、教会

四つの形（テトラモルフ）tétramorphe

ギリシア語のtetra-（四）と-morhê（形）から作られたtétramorphe（四つの形）という語は、四人の福音書記者たちのシンボルである。マタイは人間（あるいは天使）を、マルコは獅子を、ルカは雄牛（あるいは小牛）を、ヨハネは鷲を、それぞれ標章としている。「四つの形」の起源は「ヨハネの黙示録」にあるが（黙四：六～九）、それもエゼキエルの幻視からヒントを得ている（エゼ一）。「四つの生き物」――「黙示録」ではそのように呼ばれる――は、「ヨハネの黙示録」に付した教父たちの注釈によれば、まさしく四人の福音者記者たちのシンボルである。→四

夜　nuit

①暗い夜は、闇が支配するときである。二大天体のひとつである月が夜に光をもたらすとしても、その光は弱く、しかも絶えず変化する。夜の時間は、誘惑が忍び寄り、悪魔が跳梁する世界であり、そうした闇の世界に集合的想像力はヒキガエルや蝙蝠などの相貌を与えてきた。②世の光であるイエスが息絶えたとき、天は暗くなり、日の光に闇が取って代わった。昼が夜になってしまったのである（マタ二七：四五、マコ一五：三三、ルカ二三：四四）。→食

四　quatre

①数字の四は大地、つまりは総体としての被造世界を表わす。地上の楽園には四つの川が流れている（創二：一〇〜一五）。宇宙の四つの柱、月の四つの位相、大地の四隅（黙七：一、二〇：八）、四つの基本方位、四方の風（エレ四九：三六、エゼ三七：九、ダニ七：二）、四季、等々、いずれも四である。四は正方形に結びつくが、正方形もまた、完成体としての感覚界を象徴する。→正方形　②十字架は四つの腕を持つ。かくして、四は普遍性と救済の完全性を意味する。③神の受肉を証言する福音書の数も四であり、これら四つの福音書を象徴する一にして四の形象を「四つの形」と言う（エゼ一：四〜二八、黙四：六〜八）。→四つの形　④人間にとって三対神徳よりも近づきやすい枢要徳の数は四である――正義、賢慮、剛毅、節制。これらの徳が「枢要の」すなわち「基軸の」と呼ばれるのは、それが精神世界の四つの基軸となり、また十字架をかたどることになるからである。→十字架

四〇　quarante

①四〇は、時間に当てはめられると、待つこと、試練、あるいは準備を意味する。ノアは、大洪水が続く四〇日のあいだ、箱舟に閉じ込められていたが、四〇日後、ようやく船外に出て、世界の新しい秩序を知った（創七：一七）。モーセは、シナイ山中に四〇日間とどまったあと、山を下り、ヤハウェとのあいだに結ばれた契約をヘブライの民に伝えた（出二四：一八）。しかしその民は、約束の地にたどり着くのに、四〇年間、荒れ野をさまよい続けねばならなかった（民三二：一三）。②新約聖書でも、四〇の数は準備期間としての意味を持つ。イエスは生まれて四〇日目にエルサレムの神殿に献げられた。また、荒れ野に四〇日間とどまってから（マタ四：二、マコ一：一二〜一三、ルカ四：一〜二）、公生涯を開始し、その活動は四〇カ月続いた。さらに、墓のなかに四〇時間とどまってから復活し、弟

子たちに四〇日間姿を現わしたのちに昇天した（使一：三）。③典礼でも、四〇の数は同様の意味を持つ。ろうそく祝別の日は降誕祭の四〇日後に祝われる。四旬節は、イエスが荒れ野にとどまったことにちなんで、四〇日間続き、それが終わってようやく復活祭となる。さらに、復活祭から四〇日目の木曜日に、昇天祭が祝われる。

四文字（テトラグラム）　tétragramme

①四つの子音字ＹＨＷＨからなる語で、モーセに明かされた神の名を構成するヘブライ文字をラテン文字に転記したものである（出三：一三〜一四）。この神の名は、「わたしはある」、「わたしはわたしがあるところのものである」、あるいは「わたしはあるものである」を意味するが、要するにそれはあらゆる名を超えた名であって、その名をみだりに口にすれば、神への冒瀆となりかねない。②キリスト教徒の場合、その名を口にすることができない旧約の神に代わって、「子」として受肉した神が到来した。そして神の子であるイエス・キリストという名前は、誰もが自由に口にすることができる。

→三文字

らい　lèpre

①律法では、らいは、肉体的にも、精神的にも、不浄のしるしとされ、らいに罹った人は社会から追放された（レビ一三：一四）。他の病気の場合も同様である。②らいを患った人を癒すとき（マタ八：一～四、マコ一：四〇～四五、ルカ五：一二～一四）、イエスが行なった奇跡は、きわめて霊的な行為であった。イエスが病人の願いを聞き入れたのは、その強い信仰ゆえである。病人は「主よ、御心ならば、わたしを清くすることがおできになります」と言ったのである。

雷雨　orage

①雷雨は自然現象であるが、宇宙的な大異変の様相を呈することもある。それゆえ、雷雨は神の顕現に伴うしるしと見なされることもある。シナイ山の頂きには、「雷鳴と稲妻と厚い雲があった」（出一九：一六）。雷鳴は神の声である――「モーセが語りかけると、神は雷鳴をもって答えられた」（出一九：一九）。神の顔は稲妻のようだ（ダニ一〇：六）。神の手は稲妻の光をまとっている（ヨブ三六：三二）。神は、暴風雨と雷によって、自分の威力と怒りを表わす（王下一：一〇～一二、詩二九、七七：一九、知五：二一～二三）。②イエスは、赦しの精神から、彼の言葉を聞き入れようとしない人びとの上に天の火を降らせることを思いとどまった（ルカ九：五四～五五）。③「黙示録」は大異変を予言し

ている。天が開き、雹と火と血が混じった宇宙規模の雷雨が地上に襲いかかる。それは、時の終わりに「人の子」が再臨するための備えである。

ライオン　lion　↓獅子

雷鳴　tonnerre　↓雷雨

螺旋　spirale

循環するだけの円に対して、螺旋は発展の観念を孕んでいる。起源から時の終わりに至る歴史的発展。キリスト教徒にとって、この発展の運動は、最初の人間であるアダムとエバの失墜からキリストの到来、そして最後の審判のためのキリストの再臨に至る救済史である。**↓カタツムリ**

裸体　nudité　↓裸

ラッパ　trompette

ラッパの音は、重大な出来事、しかも歴史的・宇宙的に重大な出来事の到来を告げる。エリコの町の城壁が崩れ落ちたのは、七人の祭司たちが契約の箱を担いで町を七周したのちに、ラッパ〔新共同訳では「角笛」〕を七回鳴らしたときのことである（ヨシ六：一〜二〇）。「黙示録」では、子羊が第七の封印を開いたとき、神は七本のラッパを七人の天使に渡す。そして天使たちがラッパを吹くと、まさに大天災、大異変が起こる（黙八：一一）。これらの宇宙的異変は、ヤハウェの日のしるし、神の怒りの表現である。ラッパはまた、最後の審判が始まる合図ともなるだろう――「人の子は、大きなラッパの音を合図にその天使たちを遣わす。天使たちは、天の果てから果てまで、彼によって選ばれた人たちを四方から呼び集める」（マタ二四：三一）。**↓七**

ラバロム　labarum

コンスタンティヌス大帝がキリストの頭文字XPと十字架を組み合わせて旗印としたローマ帝国の軍旗のラテン語名。伝承によれば、コンスタンティヌスは、火の文字で囲まれた十字架の幻を見、この旗を作ったことによって、三一二年、ミルウィウス橋畔の戦いでマクセンティウスを破った。→キリストの銘、旗

ランタン　lanterne　→ともし火

立像　statue

①十戒のうちの第二戒は第一戒（「あなたには、わたしをおいてほかに神があってはならない」）から必然的に導き出されたものであるが、その内容は、いかなる像、いかなるものの形であれ、それを造ることは嫉妬深い神であるヤハウェによって禁じられている、というものである（創二〇：四）。聖書の伝統では、立像を造るのは、神の創造の業を模倣し、唯一の神の代わりに偶像を立てる瀆聖行為であるとされる。「金の子牛」のエピソードは、この禁令を破った典型的な例である（出三二）。→金、子牛　②受肉に関するキリスト教の論理に従えば、神は自分の顔を「子」を通して現わしたのであるから、彫刻であれ、絵画であれ、キリストの像を造ることは許されている。しかし、それで偶像崇拝との戦いが終わったわけではない。地面に転がっている立像は――とりわけ、打ち壊されているところが描かれている場合には――打ち破るべき異教を象徴している。

立方体　cube

正方形の六つの面で構成された立体である立方体は、その均整の取れた完全な形ゆえに、どっしりとした安定感がある。立方体は地上の空間を、つまりは人間生活が営まれる感覚界、天の国の現実に対

する この世の現実を象徴する。静的で計測可能な立方体は、動的で計測不能の球と対照的である。しかし、立方体は球のなかにすっぽり収まってしまう。

竜 dragon

①大きな腹をし、鉤爪のある肢を持ち、体中が鱗で覆われ、蝙蝠のような翼を生やし、蛇のしっぽをした怪獣である竜は、悪魔の化身である。大きく開けた口から火を吐き、また先の割れた長い舌を出す。②エバへの神の予言がほのめかしているのも、おそらくは竜のことであろう（創三：一五）。「黙示録」では、身ごもり、太陽をまとい、月を足の下にし、頭に一二の星の冠をかぶった女が、七つの頭と一〇本の角を持つ竜が現われるのを見るが、この竜は、女が子供を産んだら（その子供とは幼子キリストにほかならない）、早速食べてしまおうと身構えているのだ（黙一二：一～四）。戦う天使である聖ミカエルは、この恐ろしい怪獣を退治する。図像では、この大天使は竜を槍で突き刺しているところを描かれる。聖ゲオルギウスも、姫君を救うべく、馬の上から槍で竜を突き刺す。こうした竜との戦いは、いずれも、悪との戦いを象徴しており、結局、善が悪に打ち勝つことを示している。③キリスト自身が、竜を殺したり、足で踏みつけたりしている戦士姿で描かれることもある。→**キマイラ、グリフォン、サラマンダー、バジリスク**

漁 pêche

福音書に出てくる奇跡の漁のエピソード（ルカ五：一～一一）は、単にシモン・ペトロの網にこれまでになく大量の魚がかかったという話にとどまるものではない。この奇跡の予言的意味をキリスト自身が明らかにしている――「今からのち、あなたは人間をとる漁師になる」。つまり、漁をするとは、神の加護により、兄弟である人間を回心させ、救うことにほかならない。→**網、指輪**③

りんご　pomme

地上の楽園の禁じられた果物とはりんごだったとする伝説は、ラテン語のふたつの同形異義語であるmalum「りんご」とmalum「悪」の不運な混同から生じたものである。原罪は、りんごの木の実ではなく、善悪の知識の木の実を食べることによって犯されたのである（創二：九、一六〜一七、三）。とはいえ、今でもなお、「アダムのりんご」は原罪のシンボルであり続けている。幼子イエスがりんごを手にしているところを描かれている場合には、贖い主という将来の使命が暗示されている。**↓いちじく、木、果物、ざくろ**

ルビー　rubis

ルビーは、その赤い色から、血に関わるあらゆる象徴的意味を担っている。**↓アメジスト、エメラルド、サファイア、ダイヤモンド**

レイヨウ　antilope　↓かもしか

レバノン杉　cèdre

①荘厳に聳えるレバノン杉は、力強さと永続性のシンボルである。自分の家の屋根を支える梁として（雅一：一七）、あるいは家のなかの家というべきエルサレムの神殿の屋根を支える梁として（王上六：九）、この腐らない材木が選ばれる。**↓梁**　②固くどっしりとした木であるレバノン杉は、義人の象徴であり（詩九二：一三〜一五）、また義人のなかの義人であるキリストの象徴でもある。

レモン　citron

マリアあるいはキリストの図像に、緑の葉のついた柑橘類の環飾りが描かれることがある。オレンジはキリストの受難を暗示し（果汁が血の色をしていることから）、皮の黄色いレモンは神の光のシンボル

である。さらに両者がひとつになって、豊饒と多産を表わす。→黄色②

蝋　cire　→蜜蝋

老人　vieillard

①いずれの伝統社会でも、長寿者は、その豊かな経験ゆえに、すぐれた知恵を備えているとされる。聖書に出てくる大洪水以前の族長たちは途方もなく高齢であるが、それによって、神話時代の人間がいかに偉大であったかが暗示される。なかでも、メトシュラは九六九歳という伝説的年齢に達した（創五：二七）。②「黙示録」の二四人の長老たちは、竪琴と金の鉢を手に持ち、四つの生き物とともに、玉座に座っておられる方を囲んで、天の宮廷を構成している。この長老たちは、一二人の族長ないし預言者と一二人の使徒たちであり、旧約と新約聖書を代表している。③ルネサンス以来、父なる神は、それ以前のように子なるキリストの姿で描かれるのではなく（ヨハ一：一八、一二：四五、一四：七〜九）、「黙示録」の古老の姿で描かれるようになった――「その頭、その髪の毛は、白い羊毛に似て、雪のように白く、目はまるで燃え盛る炎……」（黙一：一四）。→ひげ

ろうそく　cierge

①神の光と火のシンボルであるろうそくは、ミサ（聖餐式）において点される。原料である白い蜜蠟ゆえに、ろうそくには清浄のイメージも加わる。→蜜蜂　②ろうそくを点すことはひとつの祈りでもある。信者は、キリスト、マリア、あるいは聖人たちのために、ろうそくをあげる。→香

六　six

①六という数字は両義的であり、完全性と均衡を表わす一方で、邪悪のしるしともなる。世界は六日間で創造されたが、この完全な業をなし終えた創造主は、さらに第七の日を加え、この日を聖別した

（創二：一〜三）。このように、最初の六日から第七の日を区別して、神を敬う日とするのは、被造世界を賛美することであると同時に、被造世界とそれを造られた御方とをはっきり区別することでもある。ダビデの星はふたつの正三角形を上下逆さに重ねた六角星であるが、その六角は理想的均衡を表わしている。→星④　②しかし、それ自体としての卓越した性質（六は最初の三つの数字を足したものであると同時に、掛けたものである：1＋2＋3＝6：1×2×3＝6）とは裏腹に、六は、「黙示録」の謎めいた節に基づいて、悪魔的とされるようになった（黙一三：一八）。六、より正確にいえば六六六は、「獣」の数字である。ヘブライ文字の場合であれ、ギリシア文字の場合であれ、アルファベットを数字化し、語に含まれる文字の数字を総計するという操作をやってみると、六六六（あるいはその変形としての六一六）は「皇帝ネロ」ないしは「皇帝・神」を意味する。このように解釈することによって、ヨハネは、義人たちを迫害する権力の偶像崇拝や不当な神聖化を告発しているのである。一般的に言って、六は、聖なるもの、神的なるものの退廃を表わす。

ろば　âne

①ろばは複雑で矛盾をはらんだシンボルである。無知、頑迷、怠惰を表わす一方で、謙遜、忍耐、勇気をも表わす。ろばは、より高貴な動物である馬と、しばしば対比される。②《キリスト降誕》には、牛と並んで、ろばが描かれる。牛やろばが登場するのは、「偽マタイによる福音書」の記述によるが、もともと「イザヤ書」（イザ一：三）を典拠としている。幼子イエスがメシアであることを正しく認めたのは、イスラエルの民ではなく、牛やろばにも等しい、最も貧しく、最もいやしい者たちであった。③《エジプトへの避難》では、マリアと幼子イエスの乗り物として、けなげで忠実なこの動物を描くのが定石となっている。④イエスがメシアとしてエルサレムに入城する際、彼の乗り物と

して選ばれたのも、子連れの雌ろば（マタ二一：一〜七）、あるいはただの子ろば（マコ一一：一〜四、ルカ一九：三〇〜三四、ヨハ一二：一四〜一五）であった。もしキリストがもっと立派な乗り物に乗っていたなら、エルサレム入城は、まさに栄光の絶頂の様相を呈したことであろう。雌ろばや子ろばという小さな優しい乗り物は、このときのイエスの勝利がもろく、はかないものであったことを物語っている。

ロビン　rouge-gorge

胸元（gorge）が血のように赤い（rouge）ロビンは、十字架上のキリストを象徴する。→**ゴシキヒワ、血、ツバメ、ひばり、ペリカン**

輪 roue →**車輪**

ワイン vin →**ぶどう酒**

若枝 rameau

①その年に生えた若枝は、命の約束を表わす。鳩が嘴にくわえて持ってきたオリーブの若枝は、ノアにとって、水が引き始め、植物がふたたび姿を現わしたことのしるしであった（創八：一一）。→**オリーブ、白鳩** ②キリストは「エッサイの若枝」と呼ばれるが、それは、イエスがダビデの家系に属し、そしてダビデはエッサイの子であるからだ。「エッサイの株からひとつの芽が萌えいで／その根からひとつの若枝が育ち／その上に主の霊がとどまる」（イザ一一：一～二）というイザヤの預言は、キリストの到来の告知とされる。図像では、「エッサイの木」はイエス・キリストの家系図を表わし、下から上へと、つまり根から幹、さらにはてっぺんの若枝へと、家系が繋がってゆくが、そのてっぺんの若枝のところにキリストと聖母マリアが描かれている（マリアがここに描かれるのは、中世に流行った語呂合わせで、彼女がvirgo「処女」にしてvirga「若枝」であるという理由からである）。この系統樹を描くのに、画家たちは、正典福音書に記されているキリストの系譜を参照している（マタ一：一～一七、ルカ三：二三～三八）。③イエスがメシアとしてエルサレムに入城する際、人びとは彼が通る道に木の若枝と自分

の服を敷いた（マコ一一：八）。いずれの古代文明にも見られるこの儀式は、すでに天に属するとされる人を敬い、その人の足が地に触れないようにするための象徴的行為である。復活祭に先立って、この栄光の時を記念する日曜日のことを「枝の主日」と呼ぶ。↓オリーブ、棕櫚、柘植

鷲　aigle

①鳥の王であり、太陽の光を直視し、天まで飛翔する鷲は、キリストの標章である。鷲はキリストの昇天を告げる。↓グリフォン　②鷲はまた、福音書記者ヨハネのシンボルである。それは、彼の福音書が御言葉の神性を宣告することから始まり、さらにその御言葉が光であると述べていることによる。鷲はこの光の表象なのである。↓四つの形

藁　paille　↓梁③

その他

AΩ　↓アルファにしてオメガ

ICHTUS　↓魚③

IHS　↓三文字（トリグラム）

INRI　↓罪状書き

IX　↓キリストの銘、指

MA

聖母マリアのモノグラム（組み合わせ文字）。このふたつの文字はしばしば絡み合わされ、その場合はAMとも読める。つまりAve Maria（アヴェ・マリア）。

XP　↓キリストの銘

YHWH　↓四文字（テトラグラム）

訳者あとがき

本書は、Michel Feuillet, *Lexique des symboles chrétiens* (Coll. « Que sais-je? » n°3697, PUF, Paris, 2004) の全訳である。

著者ミシェル・フイエは一九四九年の生まれ、リヨン大学でイタリア語を学び、シャルルヴィル、マルセイユのリセで教鞭を取りながら研鑽を積み、一九八五年に「一〇〇〇年から一五〇〇年までのイタリア美術における《受胎告知》」という論文で博士号を取得、一九八七年にリヨン大学の助教授となり、さらに一九九九年からは教授となり、現在に至っている。

著作も多数あるが、それにはふたつの系列があって、ひとつは中世イタリア絵画の《受胎告知》の画家たち、とくにフラ・アンジェリコに関するもの、もうひとつはアッシジの聖フランチェスコに関するものである。要するに、著者の主たる研究テーマは中世イタリアの宗教美術ならびに宗教文学（思想）であり、そして、それらの研究の背後にあるのは、キリスト教そのものに対する真摯な関心であろう。実際、フラ・アンジェリコこそキリスト教精神をもっとも純粋に表現した画家であり、またアッシジの聖フランチェスコこそキリストの福音をもっとも純粋に生きた信仰者であることを考えれば、両者の研究には、キリスト教そのものに対する浩瀚な知識、深い理解、強い共感が必要不可欠であることは容易に想像がつく。そうした著者が、個別研究を離れ、本書のようなキリスト教入門書（あるいは案内書）を書くことを思い立ったとしても、それを単なる思いつきによる片手間仕事と見なすことはできまい。これに先立って、同じクセジュ叢書に、『キリスト教用語辞典』(*Vocabulaire du Christianisme*)を書いていることも、著者がこの種の仕事に本格的に取り組んでいることを物語っていると言えよう。

本書の趣旨は「前書き」に詳しく書かれているので、ここに改めて解説を加える必要はあるまい。ともあれ、読者、とりわけ日本の読者からすれば、本書は、キリスト教の世界観や人間観の骨格を理解するのに役立つのはもちろんのこと、ヨーロッパの文化(文学、美術、音楽、建築など)や伝統・慣習についての基礎知識を得るにも、またヨーロッパ人の基本的な物の見方や考え方に親しむうえでも、他に得がたい便利な小事典である。

たとえば、本書の教会に関する見出し語を拾い読みしただけでも、どうして教会があのような形をしているのかがよく分かって、興味が一挙に倍増するのではあるまいか。まず「教会」の項を読めば、教会の平面図がキリストのかかった十字架を表していることが分かる。「翼廊」は釘を打ち込まれたキリストの両手を示し、「後陣」はキリストの頭が置かれている場所である。つぎに「身廊」の項を読むと、教会がまさしく船をひっくり返した形をしていることが分かり、さらに「船」の項を読むと、そのひっくり返した船である教会のモデルがノアの箱舟であることを知る、といった具合である。

あるいは、ヨーロッパ旅行で田舎町を訪ね、のんびり散歩しながら、民家の垣根にさんざしの花が咲いているのを見かける。そんな折に、本書の「さんざし」の項を読めば、この花の名がもともと「白い棘」の意であり、それゆえに、この花が、キリストの受難、そして復活の夜明けというふたつの象徴的意味を持つことを知って、その清楚な美しさがいっそう心に染みてくるだろう。

あるいはまた、パリのクリュニー美術館を訪れ、有名な《一角獣をともなった貴婦人》のタピスリーを鑑賞するときには、ぜひ本書の「一角獣」の項を読んでいただきたい。「神の剣の威力と純白のドレスの清浄というふたつの象徴性を併せ持つ一角獣は、聖霊によって身ごもった聖処女マリアを表す。」

本書は、このように、簡便な小事典ないしはハンドブックとして、折々に利用されることを想定して書かれたものであり、もちろん、そのように活用していただければ結構なのだが、しかし訳者としては、本書を最初に手にされた読者の方々に、まずは最初から最後までじっくり通読してみることをぜひお勧めしたい。著者自身も、「前書き」で、つぎのように書いている。

「読者は、このようにして、キリスト教シンボルの世界により深く分け入るよう、招かれている。その世界の諸要素は相互に結びついて、ひとつのかけがえのない文化総体を形成している。この小著が試みたのも、その文化総体を明らかにすることである。」

実際、本書を通読するなら、旧約から新約聖書を通じて堅固に築き上げられたキリスト教世界の全体像がきわめて具体的な形をして立ち現われてくるとともに、その世界の主人公たち、すなわち、アダムとエバ、アブラハム、ヤコブ、モーセ、そして言うまでもなく、イエス・キリストと聖母マリア、さらにはパウロや聖フランチェスコなどの姿が、確かな存在感をもって、生き生きと蘇ってくるであろう。

例として、キリストについての記述をふたつばかり拾ってみよう。

「キリストは、パンを取って言った——『取って食べなさい、これはわたしの体である……』。十字架上での死とそれに続く復活は、以上の言葉に十全の意味を与える。イエスは命のパンなのである。」(「パン」)

「キリストが羊たちを連れてゆく緑の牧場は、ヤハウェがヘブライの民に示した約束の地の彼方にある。

それは永遠の命を表す――『わたしが来たのは、羊たちが命を受けるため、しかも豊かに受けるためである』。」（「牧場」）

聖母マリアについては、つぎのような記述がある。

「伝承によれば、バラの枝に棘が生えたのは、人間が原罪を犯したあとのことである。〔…〕聖母マリアは「棘のないバラ」と呼ばれる。彼女こそ、エデンの園の無垢に戻ることができた最初の人間なのだ。」（「バラ」）

なお、本書における聖書からの引用は以下の版に基づいている。

La Bible de Jérusalem (Les éditions du Cerf)

聖書からの引用文の翻訳には新共同訳（日本聖書協会）を参照させていただいたが、仏訳版と異同のある場合には、仏訳版に即して訳し、その異同については注で示した。

最後に、本書の翻訳を勧めてくださった白水社編集部の山本康氏、そして編集・校正の労をとられた文庫クセジュ担当の中川すみさんに、厚く御礼申し上げたい。

二〇〇六年九月

武藤剛史

邦語参考文献
（訳者による）

辞書など

『岩波キリスト教辞典』，岩波書店，2002 年.
『聖書事典』，日本基督教団出版局，1961 年.
『新約聖書略解』（山内眞監修），日本基督教団出版局，2000 年.
『キリスト教礼拝・礼拝学事典』，日本キリスト教団出版局，2006 年.
高津春繁『ギリシア・ローマ神話辞典』，岩波書店，1960年.
柳宗玄／中森義宗編『キリスト教美術図典』，吉川弘文堂，1990年.
ジェイムズ・ホール『西洋美術解読事典』，河出書房新社，1988年.
『新潮世界美術辞典』，新潮社，1985 年.
八木谷涼子『キリスト教歳時記』，平凡社新書，2003年.
木崎さと子『ビジュアル版　聖書物語』，講談社，2000 年.
ヨセフ・ラッツィンガー『典礼の精神』（濱田了訳），サンパウロ，2004 年.

美術関係

『シャガールの聖書』, 岩波書店 , 1985 年 .
マルセル・パコ『キリスト教図像学』（松本富士男／増田治子訳），白水社文庫クセジュ 480 番，1970 年.
ジョン・ラウデン『初期キリスト教美術・ビザンティン美術』（益田朋幸訳），岩波書店，2000年.
高橋保行『イコンのこころ』，春秋社，1981年.
矢代幸雄『受胎告知』，新潮社，1973年.
矢崎美盛『アヴェマリア――マリアの美術』，岩波書店，1953年.
エミール・マール『ヨーロッパのキリスト教美術』（柳宗玄／荒木成子訳），岩波書店，1980年.
辻佐保子『中世絵画を読む』，岩波書店，1987年.
アンリ・フォション『ロマネスク彫刻――形体の歴史を求めて』（辻佐保子訳），中央公論社，1975年.

思想・文学関係

『創世記注釈』（アウグスティヌス著作集 16・17），教文館，1994.
ニュッサのグレゴリウス『モーセの生涯』（キリスト教神秘主義著作集 1）（谷隆一郎訳），教文館，1992年.
A・J・ヘッシェル『イスラエル預言者』（上・下）（森泉弘次訳），教文館，1992年.
ニュッサのグレゴリウス『雅歌講話』（大森正樹他訳），新世社，1990年.
ベルナール『雅歌の説教』（キリスト教神秘主義著作集 2）（金子晴勇訳），

教文館，2005年.
関根清三『旧約聖書の思想　24の断章』，岩波書店，1998年.
トマス・ア・ケンピス『キリストにならいて』（呉茂一他訳），岩波文庫，1960年.
フランソワ・モーリヤック『イエスの生涯』（杉捷夫訳），新潮文庫，1947年.
遠藤周作『イエス・キリスト』，新潮社，1983年.
八木誠一『［増補］イエスと現代』，平凡社ライブラリー，2005年.
前田護郎『新約聖書概説』，岩波全書セレクション，2005年.
レジス・ビュルネ『新約聖書入門』（加藤隆訳），白水社文庫クセジュ892番，2005年.
エティエンヌ・トロクメ『聖パウロ』（加藤隆訳），白水社文庫クセジュ881番，2004年.
ディオニシオス・アレオパギテース『神名論』（キリスト教神秘主義著作集1）（熊田陽一郎訳），教文館，1992年.
V・ロースキィ『キリスト教東方の神秘思想』（宮本久雄訳），勁草書房，1986年.
宮本久雄『教父と愛智』，新世社，1989年.
アウグスティヌス『神の国』（全5巻）（服部英次郎訳），岩波文庫、1982～91年.
ヤコブス・デ・ウォラギネ『黄金伝説』（全4巻）（前田敬作訳），人文書院，1979～87年.
クレチアン・ド・トロワ『ペルスヴァルまたは聖杯の物語』（フランス中世文学集2）（天沢退二郎訳），白水社，1991年.
『アシジの聖フランシスコの小品集』（庄司篤訳），聖母文庫，1988年.
ヨルゲンセン『アシジの聖フランシスコ』（永野藤夫訳），講談社，1977年.
朝倉文市『修道院』，講談社現代新書，1995年.
ジャン・ルクレール『修道院文化入門』（神崎忠昭／矢内義顕訳），知泉書館，2004年.
渡邊昌美『巡礼の道』，中公新書，1980年.
エドワール・ジョノー『ヨーロッパ中世の哲学』（二宮敬訳），白水社文庫クセジュ362番，1964年.
ダンテ『神曲』（寿岳文章訳），集英社世界文学全集2，1976年.

訳者略歴
武藤剛史（むとう・たけし）
一九四八年生まれ。京都大学大学院博士課程中退。
フランス文学専攻。共立女子大学文芸学部教授。
著書に、『プルースト　瞬間と永遠』（洋泉社）、『印象・私・世界——「失われた時を求めて」の原母体』（水声社）、主要訳書に、アニー・パラディ『モーツァルト魔法のオペラ』（白水社）、ジャン・V・オカール『比類なきモーツァルト』（白水Uブックス）、エリック・シブリン『「無伴奏チェロ組曲」を求めて』（白水社）、ミシェル・アンリ『キリストの言葉』（白水社）、ピエール・ラビ『良心的抵抗への呼びかけ』（四明書院）、マリナ・フェレッティ『印象派［新版］』、パトリック・ドゥムイ『大聖堂』、フィリップ・ジョルダン『100語でたのしむオペラ』［共訳］、ソニア・ダルトゥ『ギリシア神話シンボル事典』（以上、白水社文庫クセジュ）、ミシェル・ロクベール『異端カタリ派の歴史』（講談社選書メチエ）、アンドレ・ドーテル『夜明けの汽車』（舷燈社）などがある。

本書は二〇一〇年刊行の『キリスト教シンボル事典』第五刷をもとにオンデマンド印刷・製本で製作されています。

キリスト教シンボル事典

二〇〇六年一〇月三〇日 第一刷発行
二〇二四年 五 月三〇日 第一六刷発行

著者　ミシェル・フイエ
訳者　© 武藤剛史
発行者　岩堀雅己
印刷・製本　大日本印刷株式会社
発行所　株式会社 白水社

東京都千代田区神田小川町三の二四
電話　営業部〇三（三二九一）七八一一
　　　編集部〇三（三二九一）七八二一
振替　〇〇一九〇―五―三三二二八
郵便番号　一〇一―〇〇五二
www.hakusuisha.co.jp

乱丁・落丁本は、送料小社負担にてお取り替えいたします。

ISBN978-4-560-50905-0

Printed in Japan